河北省社会科学基金项目研究成果

基于中美大学图书馆比较分析的 LDSA 创新体系研究

蔡丽静 鄂丽君 等 著

海洋出版社

2016 年 · 北京

图书在版编目（CIP）数据

基于中美大学图书馆比较分析的 LDSA 创新体系研究 /蔡丽静，鄂丽君等著. —北京：海洋出版社，2016.1

ISBN 978 - 7 - 5027 - 9350 - 0

Ⅰ. ①基…　Ⅱ. ①蔡… ②鄂…　Ⅲ. ①院校图书馆 – 图书馆工作 – 对比研究 – 中国、美国　Ⅳ. ①G259. 258.6

中国版本图书馆 CIP 数据核字（2015）第 308364 号

责任编辑：杨海萍　张　欣
责任印制：赵麟苏

海洋出版社　**出版发行**

http://www.oceanpress.com.cn

北京市海淀区大慧寺路 8 号　邮编：100081
北京朝阳印刷厂有限责任印刷　　新华书店发行所经销
2016 年 1 月第 1 版　2016 年 1 月北京第 1 次印刷
开本：787mm ×1092mm　1/16　印张：14.5
字数：252 千字　定价：48.00 元
发行部：62132549　邮购部：68038093　总编室：62114335
海洋版图书印、装错误可随时退换

本专著得到河北省社科基金项目（项目编号 HB13TQ001）资助

前　言

所谓 LDSA，即图书馆学科服务联盟（Library Discipline Service Alliance，简称 LDSA）。它是图书馆学科服务逐渐成熟和发展的必然产物，也是学科服务的一种比较理想的服务形式。LDSA 概念的提出得益于日新月异的计算机技术以及新媒体环境的逐渐完善，得益于国内外图书馆联盟建设的发展所积累的成功经验。

学科服务是近些年在图书馆服务工作中引入并发展起来的一个新的服务理念，指的是高校图书馆在学科馆员制度的基础上面向某一特定学科，通过学科信息存取和学科信息分析来满足用户在学科活动中的信息需求，并帮助用户提升信息获取和利用能力的一种专业化服务，其实质就是图书馆改变传统的坐等用户上门的被动的基础信息服务，将信息服务和咨询服务嵌入院系教学科研中，主动为读者提供个性化、特色化、专题化的信息服务，是近年来高校图书馆致力于探索并越来越备受青睐的创新型信息服务模式①。

美国的图书馆学教育和图书馆服务因其独特的教育理念和先进的服务模式受到各国图书馆界的关注，美国不仅是学科馆员制度的发源地，也是大学图书馆学科服务的发展研究中心。早在 1981 年，美国卡内基·梅隆大学图书馆率先推出跟踪服务（Track Service），俄亥俄大学图书馆推出了网络馆员免费导读服务（Network Librarian and Free Guide Reading），这些都被认为是学科服务的最初形式。美国大学图书馆学科服务已经走在了前面，其中很多经验值得我们借鉴。总体来说，美国的学科服务以及相关研究以大学图书馆为主要群体，其特点表现在四个方面：第一，内容丰富、全面细致；第二，模式立体化、个性化、主动化；第三，手段现代化、网络化；第四平台标准化、数字化。美国大学图书馆的学科服务内容可能千差万别，但是服务方式不外乎两种：虚拟服务和现场服务。

我国图书馆尤其是大学图书馆自上世纪 90 年代起陆续开展了学科服务，

---

① 严玲．中美高校专业图书馆学科服务创新与发展探析［J］．图书情报知识，2012（6）：120 －125

尽管起步晚，但是发展迅速。目前学科服务在我国主要集中在大学图书馆和研究型图书馆。普遍认为，清华大学图书馆 1998 年实施的学科馆员制度，标志着我国学科服务正式拉开序幕①。随着网络技术和计算机通信技术的迅猛发展，我国学科服务的研究日臻完善，各种服务手段也借助于网络技术的发展相继实施。

经过几十年的发展，尤其是新媒体环境的形成，中美高校图书馆的学科服务也有了新的突破，借助于网络技术和计算机技术，大学图书馆的学科服务的模式已经逐渐成熟并能快速便捷地提供用户所需服务。服务方式也随着网络技术的发展而发生着天翻地覆的变化，但是从中美两国的学科服务的发展现状和服务效果来看，图书馆学科服务存在着几个问题：第一，学科服务仅局限在某个图书馆内部，这样就无法整合完整的学科服务的各种资源，包括人力资源和学科资源；第二，缺乏学科服务整个设计流程和规划细节，这样就无法做到善始善终；第三，缺乏以用户为中心的约束机制，这样就没有对学科服务工作的有效监督和管理评价；第四，没有一个统一的机制和体系，从而各个大学图书馆学科服务五花八门，手段千姿百态，难以走向服务共享和资源共享，难以满足高校学科建设的需求与发展，难以满足高校知识转化为生产力的需要。

为此，高校图书馆学科服务应当充分借鉴现有的图书馆服务模式，根据学科服务的特点，构建 LDSA 创新体系，以解决学科服务中遇到的各种问题，使图书馆在新媒体环境下有新的生存发展的空间。正是基于上述目的，我们早在 2012 年底就开展了学科服务联盟的研究，由于条件限制，很多研究只是纸上谈兵。2013 年，我们以"基于中美大学图书馆比较分析的 LDSA 创新体系研究"为题，申请了 2013 年的河北省社会科学基金项目，该项目的立项为我们后续研究提供了支持和保障。

本研究从逻辑上分为几个方面：1. 学科服务的实质及内涵与外延，包括学科馆员与学科服务、学科服务体系等；2. 中美大学图书馆学科服务现状比较研究，包括美国大学图书馆学科服务比较分析、中国大学图书馆学科服务比较分析、中国一流大学图书馆学科服务现状比较；3. 中美图书馆联盟建设比较研究；4. LDSA 创新体系设计与实现；5. 学科服务联盟成功案例；6. LDSA 创新体系成果展示（部分）。

---

① 柯平，唐承秀. 新世纪十年我国学科馆员与学科服务的发展（下）［J］. 高校图书馆工作，2011（3）：3−7，22

本书是在这个研究思路上进行的一个尝试。LDSA 的研究内容既有计算机技术、网络技术的知识，也有图书馆学情报学的理论，我们在有限的空间不可能面面俱到，为此我们将一些内容从简，努力做到突出重点。

全书由蔡丽静和鄂丽君执笔。本书在河北科技大学图书馆和燕山大学图书馆的各位领导鼎力支持下得以顺利完成，课题组成员在繁忙的工作之余进行了大量的文献学研究和网络搜索，进行了详尽的比较分析，为课题研究提供了科学依据和参考。在此对课题组成员表示崇高的敬意，对他们的辛苦付出表示感谢。根据作者对本书的贡献依次如下：

蔡丽静，鄂丽君，卢利平，杨永梅，董素音，穆丽红，左惠凯。

各作者的撰写内章分别是：

第 1 章 绪论（由蔡丽静主持撰写）

第 2 章 基本概念：学科馆员与学科服务（由蔡丽静主持撰写）

第 3 章 美国大学图书馆学科服务现状调研（由鄂丽君主持撰写）

第 4 章 中国一流大学图书馆学科服务现状比较（由蔡丽静主持撰写）

第 5 章 中国大学图书馆学科服务现在调研（由蔡丽静主持撰写）

第 6 章 中美大学图书馆联盟概述（由蔡丽静、杨永梅主持撰写）

第 7 章 LDSA 创新体系设计与实现（由蔡丽静、董素音主持撰写）

地 8 章 LDSA 创新体系基本功能（由蔡丽静、穆丽红主持撰写）

第 9 章 LDSA 创新体系案例展示（由蔡丽静、左惠凯主持撰写）

作 者
2015 年 9 月

目　录

第1章 绪 论

1.1 研究背景

LDSA 全称为 Library Discipline Service Alliance,即图书馆学科服务联盟,它是大学图书馆的学科服务发展到一定阶段后所形成的一种服务联盟,是学科服务成熟和较为完善的形式之一。本研究的基础来源于国内外高校图书馆开展的学科服务,并借鉴中外各种图书馆联盟建设的成功经验,针对国内外学科服务的现状和存在的问题,围绕 LDSA 创新体系开展研究,从而为图书馆在大数据时代开展学科服务探索新模式、新方法、新途径。

LDSA 的创新体系研究有着深刻的发展背景。

LDSA 概念的提出得益于日新月异的计算机技术和日益成熟的网络环境,在此环境下,用户获取信息的方式多种多样,获取的途径也方便快捷,虚拟无形的网络已经逐渐地取代了实体有形的图书馆,互联网成为人们查找资料的首选,百度或谷歌等搜索引擎的广泛使用让人们利用海量信息变得轻而易举。数字资源取代了纸质文献成为人们阅读的首选,尤其是移动互联的日益普及使得人们口袋里不仅能装下一个小型图书馆、博物馆,还能把娱乐室、音乐厅也纳入书包和口袋中。纸质文献不再是人们获取信息的唯一方式,查找方式和阅读方式这种天翻地覆的变化使得图书馆的传统资源优势已经失去了往日独占鳌头的地位。

然而,网络是把双刃剑,在带给人们便利的同时,也带来一系列的问题。同时为图书馆学科服务的发展提供了契机。

1. 网络技术的成熟和完善改变了人类生活

今天,网络已经渗透到人类生活的各个方面,对人类产生的巨大影响超乎我们的想像,它正以惊人的速度向社会的各个领域急剧渗透,并进而改变着我们的生活、学习、工作甚至思维模式。据中国互联网络信息中心(CNN-IC)2014 年 7 月 21 日在北京发布的第 34 次《中国互联网络发展状况统计报告》显示，截至 2014 年 6 月，中国网民规模达 6.32 亿，较 2013 年底增加 1 442 万人，互联网普及率为 46.9%。互联网发展重心从"广泛"向"深入"转换，各项网络应用深刻改变网民生活①。

现在不论人们从事什么样的职业，网络带给我们的便捷大家都深有感触，人们的衣食住行在网络世界中发生着奇迹的变化。我们每个人一夜之间就成了百度控，对各种搜索引擎的依赖成为我们日常生活的常态，任何问题只要问百度皆有可能解决，当然结果是否正确则另当别论，由此，人们给了百度一个亲切的称谓——"度娘"。借助于搜索引擎的强大功能，我们可以在网上轻而易举地找到我们目的地的行车路线、乘车路线；我们可以在网上不费吹灰之力就能知道全球的天气情况；我们可以随时知道全球各地发生的奇闻趣事；甚至我们还能利用网络帮助照看万里之遥的孩子……；很难想象如果没有了网络，我们怎么联系到万里之外的旅游景点的酒店，没有了网络似乎我们会跌进万丈深渊。正因为如此，网络已成为"现代人"行为学上的"生存需求。"

然而，网络就像一把双刃剑，在为我们提供便利的同时也将我们置身于信息的海洋中，我们如果没有在这个海洋中冲浪的技能，就难免被淹没在信息垃圾里，面对泛滥的信息失去了甄别的能力。

2. 网络技术的便捷使我们失去精确查找专业知识的能力

网络技术带给人类的便捷是惊人的，搜索引擎的智能化也使得网络技术得以普及和推广。但是搜索引擎缺不是万能的，尤其是在文献信息的获取和学术研究信息的获取方面，搜索引擎显得力不从心。面对用户真正需要的文献信息以及科研信息，搜索引擎犹如光学望远镜面对看不见的"宇宙物质"或"黑洞"，这就需要用户借助于一定的检索技术获取所需文献。但智能的搜索引擎却让用户几乎丧失了这种精确查找专业知识的能力，我们常会看到这样的想象，一方面人们只知道利用搜索引擎检索网络资源，而网络资源的无序和异构给使用带来一定困难，检索的结果常常是大量无用信息，用户花费精力在网络中检索的信息绝大部分是无用的信息。另一方面，因为用户不主动利用图书馆的优质资源，甚至不知道如何使用各种专业数据库，使得图书馆花费大量经费购买的各种专业数据库常处于成本极高的低使用率甚至于是"零"使用状态，造成极大的浪费。此外，图书馆的发现系统一方面整合知

---

① http://www.cnnic.net.cn/hlwfzyj/hlwxzbg/hlwtjbg/201407/t20140721_47437.htm

识，使知识获取更便捷，另一方面却无法增强使用者的信息检索能力，降低了信息素养。所有这些情况都给图书馆学科服务的发展提供了大好机遇。尽管网络技术和移动互联的发展带给图书馆巨大的挑战，但正是这挑战使得图书馆绝地反击，为自己加入学科服务和学校的学科发展建设提供了最佳平台，创造了良好机遇。

3. 网络技术的发展为学科服务提供了技术支持

信息和网络技术在图书馆的渗透不仅是挑战，更是图书馆发展的大好机遇。学科服务作为一种依托于网络的新型服务模式自然离不开网络技术的支持和发展，成熟的网络技术和完善的网络环境为图书馆在网络环境下的发展提供了平台。国内外高校图书馆利用方便快捷的网络，借助于图书馆的资源优势，针对用户的各种需求，开展的形式各样的学科服务，把网络这把双刃剑铸成高校学科建设中的一把利剑，用户可以借助于图书馆的学科服务平台，轻而易举地找到自己的科研和教学所需各类资源，从而使图书馆在学校的学科建设中发挥重要作用。

4. 国内外高校图书馆学科服务积累了成功的经验

美国是学科服务的起源地和发展中心，有很多值得借鉴的成功经验。通过对学科服务的文献调查研究我们发现，美国的学科服务以及相关研究以大学图书馆为主要群体，其特点表现在四个方面：第一，内容丰富、全面细致；第二，模式立体化、个性化、主动化；第三，手段现代化、网络化；第四，平台标准化、数字化。目前美国图书馆的学科服务内容可能千差万别，但是服务方式不外乎两种：虚拟服务和现场服务。

清华大学图书馆 1998 年实施的学科馆员制度，标志着我国学科服务正式拉开序幕。随着网络技术和计算机通信技术的迅猛发展，我国学科服务的研究日臻完善，各种服务手段也借助于网络技术的发展相继实施。我们以"学科服务"为检索词（检索时间：2013 年 3 月 11 日），以 CNKI 为检索工具进行题名检索和关键词检索，对检索结果进行筛选统计，共确定了 323 篇符合检索条件的文献①。在科技成果库中检索出以"图书馆学科服务"为主题立项的研究课题共计 62 项②，其中既有国家级课题，也有省部级项目，还有不

---

① http：//epub. cnki. net/kns/brief/result. aspx? dbprefix = CJFQ

② http：//librarian. wanfangdata. com. cn/default. aspx? dbid = Cstad

少是各个高校和单位自己批准设立的课题。对上述检索结果进行筛选统计，不难发现我国学科服务研究主要分布在五个方面：内容和实现途径研究、模式和服务策略研究、用户研究、队伍建设研究、平台建设研究。具体各个部分论文发表情况见表 1 - 1 所示。

表 1 - 1   学科服务文献主体分布

研究主题	内容与实现途径研究	模式与服务策略研究	学科服务用户研究	人才队伍建设研究	平台建设研究
发文篇数	99	101	21	53	49

1.2   研究意义

从中美两国图书馆的学科服务理论和实践的研究成果来看，尽管美国学科服务已经成熟，但是仍然存在一些需要解决的问题。而我国图书馆学科服务相对来说起步晚，尽管理论研究深入，但是仍然没有一本系统介绍学科服务的著作问世；从我国学科服务实践来看，学科服务是一项由多种因素驱动，尤其融合了团队力量和用户参与的图书馆服务，而我们现有的学科服务都是在传统图书馆的参考咨询服务或者现代图书馆的数字参考咨询服务基础上的延伸，远远没有达到所谓的学科服务的效果。

1. 中外图书馆学科服务现存主要问题

从整体来看，中外图书馆的学科服务的问题表现在以下几个方面：

第一，学科服务仅局限在某个图书馆内部，没有形成联合服务模式，这样既无法整合完整的学科服务的各种资源，包括人力资源和学科资源，也不能充分利用网络环境实现服务的共享。例如，以我国学科服务开展较早的清华大学图书馆为例，清华大学图书馆自 1998 年开始在校图书馆建立了学科馆员制度，开始向全校师生提供学科服务。2006 年又进一步扩大至部分专业馆。每位学科馆员/专业馆学科服务负责人直接负责联系某个院系，这些服务主要针对教师、研究生层面开展的[①]，没有将学科服务推向其他院校。同样，其他高校图书馆的学科服务也是如此。各个高校图书馆尽管都或多或少开展着学

---

① http：//oldweb. lib. tsinghua. edu. cn/service/sub_ librarian. html

科服务，但是其服务的形式和模式却多种多样，各自为政，没有统一规划和管理，这就会造成学科服务的各种资源的浪费，包括学科馆员、学科资源等。

第二，缺乏学科服务整个设计流程和规划细节，这样就无法做到善始善终。由于第一点的缘故，势必会导致学科服务整个流程和规划细节的欠缺，容易虎头蛇尾或有头无尾，使得学科服务流于形式，没有达到预想的目标。例如，就目前我国开展学科服务的高校图书馆来看，很多没有一个服务流程，或者没有服务规划，这是造成学科服务难以广泛深入开展的原因之一，因为没有完善的规划就没有目标，也就失去了学科服务的方向和指导。

第三，缺乏以用户为中心的约束机制，这样就没有对学科服务工作的有效监督和管理评价。从中外学科服务的现状来看，这项服务大多由图书馆学科馆员担任，服务对象是各个学科的学科专家或学科课题。整个服务的过程并没有一个系统的管理或监督体系，服务过程有时候比较随意，有时候甚至学科馆员的心情也能影响服务的效果和质量。很多图书馆即使有学科服务的评价，也仅限于评价指标的设计等，真正实行对学科服务的有效评价的图书馆为数不多。没有评价的学科服务既不能调动学科馆员的积极性，也不能为用户提供满意的服务。因此，建立一个以用户为中心的约束机制和评价管理方法十分必要。

第四，没有一个统一的学科服务机制和体系，从而各个大学图书馆学科服务五花八门，手段千姿百态，难以走向服务共享和资源共享，难以满足高校学科建设的需求与发展，难以满足高校知识转化为生产力的需要。解决这些问题的方法就是创建学科服务联盟，即 LDSA。

2. 本课题为解决现存问题探索可行之路

本课题研究总结了中美两国图书馆联盟建设经验，并将此作为 LDSA 的构建理论基础，提出了 LDSA 创新体系，为解决学科服务现存的问题探索可行之路。目前关于学科服务研究的学术呈现逐渐升温的趋势，研究内容涉及学科服务的各个方面，但是馆员创建学科服务联盟的相关研究并未见文献报道（见表 1 - 1）。通过本课题的研究，可以在理论和实践上为学科服务的进一步深入发展，尤其是在移动学习环境下开展学科服务提供一个更加宽阔的平台。

本课题的研究立意正是基于上述方面。

1.3 研究内容

1. 基本概念：学科馆员与学科服务

从学科服务的理论体系入手，对其相关概念和基本理论进行梳理；针对新媒体环境下国内外移动学习的成熟技术和网络信息环境，围绕国内外学科服务的各种相关概念及其涉及的各个方面，从不同角度对学科服务的内涵与外延进行整合分析，使读者能系统了解学科服务的基本含义。

详细内容见本书第 2 章。

2. 美国大学图书馆学科服务现状调研

利用网络调研法和文献研究法，对美国大学图书馆的学科服务现状进行详细统计。美国大学排名一般按四种类型进行：国家级排名、文理学院排名、商务专业排名、工程专业排名。选择这四类排名前 5 的大学，即 20 所大学作为本课题研究的重点案例，这些大学分别是：

国家级排名前 5：哈佛大学、普林斯顿大学、耶鲁大学、哥伦比亚大学、芝加哥大学

文理学院前 5：威廉姆斯学院、阿默斯特学院、史瓦兹摩尔学院、米德伯理学院、波莫纳学院

商务类前 5：宾夕法尼亚大学、麻省理工学院、加州大学伯克利分校、密歇根大学安娜堡分校、弗吉尼亚大学

工程类前 5：斯坦福大学、加利福尼亚理工学院、伊利诺伊大学香槟分校、佐治亚理工学院、卡内基美隆大学。因为排名在前的麻省理工学院和加州大学伯克利分校在商务类中已选入研究对象，所以按排名后延，选择另外其他两所学校代替。

详细内容见本书第 3 章。

3. 中国一流大学图书馆学科服务现状比较

所谓"中国一流大学"，就是以质量和创新为导向，依据"一流的队伍、一流的学科、一流的绩效、一流的国际化、一流的影响力"五条标准，根据集中与离散分布规律和二八率原则选出的，不同的评价体系有不同的评价结果。我国迄今尚无较为统一或权威的评价指标体系，尽管参与评价的机构众

多，但对于"中国一流大学"的认定却基本相同。这里的"中国一流大学"的认定采用的是武汉大学中国科学评价研究中心（RCCSE, Research Center for China Science Evaluation）和中国教育质量评价中心于 2015 年 1 月 13 日公布于中国科教评价网（www.nseac.com）的《2015 年中国大学及学科专业评价报告》。中国科学评价研究中心认定的"中国一流大学"共计 27 所，按排名顺序分别是：北京大学、清华大学、浙江大学、上海交通大学、武汉大学、南京大学、复旦大学、吉林大学、华中科技大学、四川大学、中山大学、山东大学、西安交通大学、哈尔滨工业大学、南开大学、东南大学、中国科学技术大学、中国人民大学、同济大学、中南大学、北京师范大学、厦门大学、天津大学、大连理工大学、华东师范大学、北京航空航天大学、华南理工大学。

为了解中国一流大学图书馆学科服务现状，我们对上述 27 所大学图书馆的学科服务情况进行详细统计分析，具体结果见第 4 章。

4. 中国大学图书馆学科服务现状调研

中国大学按照地域选择，分别从华北、华中、华东、东北、西北、西南各选 2~4 所大学（共计 17 所）作为重点研究案例：

华北：清华大学、北京大学、河北科技大学

华中：武汉大学、华中师范大学、郑州大学

华东：上海交通大学、南京理工大学、浙江大学、山东大学

东北：吉林大学、哈尔滨工业人学

西北：西安交通大学、西北工业大学、宁夏大学

西南：西南交通大学、西南科技大学

详细内容见第 5 章。

对上述现状进行比较研究，利用文献分析法、比较研究法、层次分析法和 SWOT 分析法，从学科服务制度、学科服务内容、学科服务模式、学科服务平台建设、学科服务评价等五方面对收集的数据进行统计，借助于 SPSS 分析软件，比较研究中美大学图书馆学科服务之异同。

5. 中美图书馆联盟建设比较研究

以美国图书馆联盟 OhioLINK 和中国图书馆联盟 CALIS 为例，围绕图书馆联盟成立的动机、成立目标、联盟类型、服务模式、管理方式、经费来源、服务资源等各个方面进行了比较研究，总结中美图书馆联盟建设的经验，为

LDSA 创新体系的设计实现奠定基础。

详细内容见第 6 章。

6. LDSA 创新体系的设计与实现

LDSA 创新体系的构建是为大学的学科建设与发展服务的，开发 LDSA 创新系统就是为了使用户更好地利用这个联盟为自己的科学研究服务。该系统具备几个子系统：教学支撑服务子系统、科研支撑服务子系统、学科评价子系统。每个子系统的设计与实现详细内容见第 7 章。LDSA 创新体系的基本功能详见第 8 章。

7. LDSA 服务案例展示

我们以河北科技大学图书馆学科服务中的学科评价成果为具体案例，展示了 LDSA 创新体系中学科评价的服务模式、服务内容和服务方法。

详见第 9 章。

第 2 章　基本概念：
学科馆员与学科服务

　　要研究学科服务首先要理解"学科馆员"这个名词。如果说学科服务是近些年大学图书馆或专业图书馆在服务创新中开展的具有时代特色的高层次信息服务的话，那么提供此项服务的图书馆馆员就被称之为学科馆员。本章在国内外相关专家学者对学科馆员及学科馆员制度、学科服务及学科服务体系、学科服务模式等问题进行研究的基础上，梳理以上基本概念和基本理论，以便为课题研究奠定理论基础，同时也可以使读者对学科馆员和学科服务及其相关问题有一个基本了解。第 2 章围绕学科馆员的相关概念、学科服务的内涵与外延、学科服务的起源与发展、学科服务的特点、国内外学科服务的现状与发展、国内图书馆开展学科服务常见模式等相关问题开展论述。

2.1　学科馆员涵义

1. 学科馆员的提出

　　"学科馆员"是人们对图书馆馆员的另一种称谓，是一种特殊的图书馆馆员，一般指的是开展咨询服务、课题跟踪服务、定题服务等各项服务的图书馆馆员。其相应的英语称谓有不下十种，常见的有 Subject Librarians（学科馆员）、Subject Specialists（学科专家）、Liaison Librarians（联络馆员）、Library Liaisons（图书馆联络员）、Faculty Liaisons（教师联络员）、Research Support Librarian（研究支持馆员）、Subject Reference Librarian（学科咨询馆员）、Department Librarian（院系专业图书馆员）等等。而在美国，有些图书馆学科馆员被统称为"XXX 专业馆员"（XXX Librarian）。例如，商务专业馆员（Business Librarian）、科学专业馆员（Science Librarian）、人文专业馆员（Humanity Librarian）、工程专业馆员（Engineering Librarian）、中文研究馆员（Chinese Studies Librarian）等等；在另一些图书馆中，学科馆员被称为书目员（Bibliographer），按不同的学科分类，有人文书目员（Humanity Bibliographer），社会科学书目员（Social Science Bibliographer），或科学书目员（Science Bibliographer）；美国还有一些图书馆则将学科馆员称为学科联络馆员（Subject Liaison）或学科专家（Subject Specialist）①。这些都属于我们这里要讨论的"学科馆员"的范畴。

尽管国外对"学科馆员"有不同的叫法，但其本质是一样的，只是从不同的方面对学科馆员下了定义，反映着图书馆向用户提供服务的不同侧重点，从上述论述中我们可以归纳出以下几个关键词：学科、馆员、联络员、专家、书目员，从这几个关键词我们就能对学科馆员的各种定义和其主要工作内容有一个基本了解，对学科馆员的涵义有了比较清楚的认识。

学科馆员的定义多种多样，但是基本含义大同小异，归纳起来大致有两种：一是强调学科馆员的专业知识；二是着重其职业专长。即使到今天，对于"学科馆员"这个名词的英文称谓也没有统一起来。我们通过检索中国知网期刊全文数据库、维普科技期刊数据库等主要的中文数据库以及 ScienceDirect 全文数据库发现，在涉及学科馆员的论文和研究课题中，使用的英语各式各样，但是国内对学科馆员的称谓基本统一，曾经有一段时间称之为参考馆员，后来随着研究的不断深入，"学科馆员"的称谓得到了大家的普遍认可。

本书鉴于国内学者对"学科馆员"概念的理解和学科馆员所从事的主要工作，采用 Subject Librarians 作为"学科馆员"的英语统一称谓。

2. 学科馆员的定义

学科馆员的定义是随着图书馆的发展以及图书馆学科服务工作的深入开展而逐渐发展起来的。我们先来看看国外学科馆员的发展背景和发展情况，国外把学科馆员的起源时间追溯到文艺复兴时期，正如英国图书馆学家 Stephanie Crossley 描述的那样，"传统意义上的研究型大学图书馆的学科馆员是学科专家，追溯到文艺复兴时期，大学就有学识渊博的图书馆员，他们是法学、文学或神学的专家。这一传统一直延续到本世纪"。从 20 世纪初，英国的一些大学开始陆续引进学科馆员制度，在 20 世纪 60 ~ 70 年代已经达到了非常普及的程度。美国加州大学伯克利分校的图书馆学家 J. Periam Danton 认为，在德国，学科馆员同样有着悠久传统并得到全球认可，最早可以追溯到 19 世纪早期。在美国，学科馆员的出现是以服务于学科专业为基础的，初期的方式是提供分领域服务，后来逐渐发展到了分学科、分专业地提供针对性的对口服务，例如先后开展的跟踪服务（Track Service）、网络馆员免费导

---

① 李春旺. 国内学科馆员研究综述 [J]. 图书情报知识, 2004 (2): 26 - 28

读服务（Network Librarian and Free Guide）。20 世纪中期，学科馆员制度在美国高校图书馆得到普遍确立①。

学科馆员的概念一经提出，首先在美国大学图书馆掀起了学科馆员讨论的热潮，人们普遍认为，学科馆员的含义和职责并不是一成不变的，而是随着大学图书馆服务模式的演变而发生其定义和内涵发生了变化。我们通过文献阅读及文献检索，对学科馆员的各种定义进行了梳理，目前学科馆员的定义有各种各样，常见的讨论如下。

学科馆员自萌芽时期就有不同定义，围绕其定义的完整性、准确性等问题，很多学者进行了研究。

K. Humphreys 认为，"学科馆员是指发展某个特定学科领域的技术与参考服务的图书馆员。" A. Holbrook 认为，"学科馆员是指为某个特定学科的读者服务的图书馆员，他的职责在于发展图书馆服务，并使他所负责的资源得到最大程度的利用。"

Eldred Smith 认为，学科馆员也就是社会学家所称为的"知识工作者"，他是某个特定领域的专家，并利用此项技术为读者提供所需的复杂服务。他将学科馆员总结为具有相当程度专业知识、并以客户需求为服务导向的图书馆馆员。

图书情报学在线词典（Online Dictionary of Library and Information Science，简称 ODLIS）中学科馆员被定义为以专业知识和经验用于选择专业资料，并对用户提供某一主题领域或学术专业（或学科分支）的书目指示和参考服务的图书馆员。在大学图书馆中学科馆员通常还持有所在学科领域的第二硕士学位，他们也可以叫做主题分析馆员。

1983 年出版的《美国图书馆协会图书馆学与情报学词汇表》将学科馆员定义为："图书馆中那些对某一专业领域学科有深厚的知识底蕴，负责图书馆该专业领域馆藏文献的遴选评估，有时也提供此专业的信息咨询服务及负责馆藏图书的分布组合的工作人员。亦作学科文献书志馆员。"

不论学科馆员的英文有多少种不同称谓，也不论其起源如何，在我国对学科馆员所下的定义大致相同。有人将学科馆员归结为以大学学科为对象建立起来的高级专门服务人员对口服务模式。有的人则认为学科馆员是某个学科专业文献信息方面的专家，熟悉乃至精通一门学科或几门学科知识，能够

---

① 彭立伟. 国外学科馆员制度的分期与角色演变研究［J］. 江西图书馆学刊, 2007, 37（4）: 93 - 95

针对性地为教学与科研提供服务。还有人把学科馆员归类于图书馆设专人与某一个院系或学科专业建立对口联系，向用户提供主动、有针对性的信息服务。

国内学者周玉芝等人则认为学科馆员是指具有某一学科专业背景，同时具有图书情报和信息专业知识、技能的图书馆员，不仅熟悉对口学科的信息资源分布情况，而且具有信息分析与综合能力，能够深入理解和把握用户的知识需求，可以主动为用户提供多方位、深层次的学术性信息服务。

杨小英则认为学科馆员，是指高校图书馆选用的，既具有学科专业知识，又兼备图书情报专业知识，能够为教学科研提供专门化、个性化、深层次服务的图书馆专业人员。

徐恺英教授等人认为学科馆员是以学科为服务对象，具有敏锐的信息意识和较强的信息组织加工及文献获取能力的高级专门服务人员，以某一学科背景为依托与该学科建立专门联系，以图书馆馆藏资源作为服务基础。他们是拥有某一学科专业领域扎实知识和较高信息素养的图书馆馆员。

综上所述，国内外对学科馆员尚无一个明确、规范的定义，在其概念及内涵的认识上存在着较大差异。我们对这些概念进行了分类和归纳，大致有以下三种观点：第一，学科馆员是一种服务模式，以大学学科为服务对象建立起来，由高级馆员提供对口服务。第二，学科馆员是联络人员，由图书馆设专人与某个院系或学科专业建立对口联系，向用户提供主动性和针对性服务。第三，学科馆员是学科信息专家，他们熟悉乃至精通一门学科或几门学科知识，能够针对性地为教学与科研提供服务。

可以说，学科馆员既是对提供知识服务的人的一种称谓，也是图书馆的一种服务模式，只不过这种模式的主导者是学科馆员。不论是哪种观点，学科馆员应该具有某一学科背景，同时具有较高的信息素养，有图书情报基础和文献检索及情报分析能力，可以为用户提供高层次知识服务，这些是上述几种观点的共识。

2.2　学科馆员制度

1. 美国图书馆学科馆员制度的基本情况

学科馆员制度起源于美国研究型大学的图书馆，而学科馆员的产生则与美国大学的学科设置有着一定关系，并且美国大学图书馆中学科馆员的设置也是在学科变化和馆藏发展的需要中逐渐发展起来的。1940 年以前，美国除少数几个大学图书馆如哈佛大学外，很少有图书馆设置学科馆员。二战以后随着美国政府对别的地区和国家感兴趣，大学开始建立地区研究计划，这些学科的兴起促进了相应馆藏的发展，进而负责这些馆藏的学科馆员应运而生。1981 年美国卡内基·梅隆大学图书馆率先推出学科馆员服务，当时称之为跟踪服务（Track Service）①，俄亥俄大学图书馆推出了网络馆员免费导读服务（Network Librarian and Free GuNc），这些都是学科馆员发展的雏形。经过三十多年的发展，现已形成了完备的学科馆员制度。

美国的大学图书馆都设有学科馆员，学科馆员负责与相关学科（二级学科）师生之间联系并建立起不可分割的学术纽带。图书馆不仅对学科馆员有全面的支持、培训和管理制度，还有专门的学科馆员管理机构，图书馆的各部门对学科馆员的工作提供有力的保障，强调学科馆员的终身学习，通过旁听院系核心教程、参加专业数据库的使用培训等继续教育的方式，提升学科馆员的专业背景知识和综合能力，以便胜任和更好地完成学科服务的工作。

在人员素质上，美国的学科馆员由专业馆员担任，有严格的从业资格认证制度，专业馆员通常要求具有美国图书馆协会（ALA）认可的大学授予的图书馆学硕士或同类学位，通晓某一学科的专业知识，熟练掌握图书馆学及现代信息技术知识，具备了专业学科知识和图书情报知识的复合型人才②。在美国，成为大学图书馆馆员的第一道门槛就是图书馆学硕士学位，图书馆录用的大多数专业人员都具有图书馆学、情报学硕士学位或其他专业的硕士学位。其中学科馆员是由专业馆员担任的。在他们成为学科馆员之前必须通过专门的资格认证，否则将无权上岗。按照相关章程学科馆员必须具有美国图书馆协会认可的大学授予的图书馆学硕士或同类学位，如果要终生受聘还需要有第二硕士学位。在最初受聘的 5 年内必须参加有关的培训和学术会议，或工作有突出贡献，或在专业杂志上发表学术论文，方能长期聘用。若在 5 年之内得不到长期聘任就会被辞退或要求自动辞职。在满足这些基本条件后，学科馆员还必须既精通某一学科的专业知识，又熟练掌握图书馆相关知识，熟悉馆藏资源并能熟练应用，深刻理解图书馆的各项服务，掌握网络应用技术和信息检索技术。

---

① 李斌. 美国大学学科馆员服务的典型案例及其启示［J］, 图书馆杂志, 2004, 23（7）: 38 -
40

② 刘琼. 中美大学学科馆员的初步比较研究［J］, 大学图书馆学报, 2005（4）: 13 - 16

　　学科馆员在为院系提供信息服务时，利用自己所掌握的专业知识，能与对口院系师生进行很好的沟通和学术交流，并利用所具备的图书情报知识，为对口院系师生提供专业性的快速、精确、高效的信息服务。如哈佛大学法学院图书馆指定每个学科馆员为几个教授服务，为其随时提供图书馆的各种情报服务，从而使学科馆员真正能为所服务的学科或教授开展针对性强的信息服务。

　　在美国，不仅所有的高校图书馆都设有学科馆员，而且人数较多，服务领域几乎涵盖所有的学科。如华盛顿大学在其图书馆的网页上明确规定了学科馆员的性质和职责，学科馆员分布于图书馆各个部门，负责购买书刊资料并向读者提供参考咨询服务，同时指导大学生运用正确的方法合理使用图书馆资源等①。

　　在美国弗吉尼亚大学图书馆学科馆员的个人主页上，不但建立了多个数据库的链接，还有该学科馆员所负责的相关知识，学科馆员真正成为学科的指导者。美国华盛顿大学将学科馆员负责的专业和 E - mail 地址放在图书馆的网页上，供需要的读者联系，而并不仅限于本校的读者群②。

　　从目前情况看，尽管美国高校图书馆的学科馆员对口服务的学科分类十分详细，但是学科馆员的设置却只有三大类别：商业学科馆员、社会科学学科馆员和自然科学学科馆员，一般每个学科馆员需要负责 1 ~ 3 个学科。

2. 我国大学图书馆学科馆员制度基本情况

（1）我国学科馆员制度研究的文献概述

　　我们用"学科馆员制度"作为检索词，以中国知网、万方数据、维普期刊为主要检索工具，通过主题途径在相关数据库中检索"学科馆员制度"方面的研究文献，这样就可以从文献数量轨迹来探讨学科馆员制度研究的发展足迹。具体数据库如下表 2 - 1 所示。

---

① http：//www. lib. washington. edu/

② http：//www. library. virginia. edu/

表 2 – 1　学科馆员制度研究文献统计

年份	1987	1989	1993	1995	1997	1998	1999	2000	2001	2002
论文（篇）	1	1	2	1	2	1	3	1	6	18
年份	2003	2004	2005	2006	2007	2008	2009	2010	2011	2012	2013
论文（篇）	48	86	158	200	273	307	376	324	375	419	440

注：表中数据的检索日期 2014 年 3 月 31 日

　　对上述文献研究发现，"学科馆员"这个词语最早在我国使用的是福州大学图书馆的陈京。他在 1987 年发表在《赣图通讯》（现刊名为《图书馆研究》）第三期上的题名为"建立一支学科馆员的专业队伍"的论文中首次提到了"学科馆员"这个词，在此文中指出：从工作的内容结构来看，图书馆的专业队伍可分为两大类：即"学科馆员"与"辅助馆员"。"学科馆员"、"辅助馆员"仅是工作性质相同的专业人员集合体的概念名称，而不是专业职务的名称。"学科馆员"则是开展为对口学科（专业）进行学术智能性的专、深的信息服务的助理馆员、馆员、副研究馆员、研究馆员这些专业职务人员集合体的概念名称①。这和后来我们对学科馆员概念的理解有相同之处。

　　此后的 1989 年，毋益人在《河南图书馆季刊》上发表了"学科馆员应该做好哪些工作"，该文中所讨论的学科馆员的概念正是我们本书所要研究的学科馆员②。需要说明的是，很多学者都把毋益人 1989 年的论文作为"学科馆员"的文献研究起点，从我们目前掌握的文献来看，毋益人的论文只是比较早而已，并非是第一篇。接下来的几年里，关于学科馆员及其学科馆员制度的研究几乎处于停滞状态，几乎在 10 年（1987～1997）的时间只有 7 篇文献发表。

　　1998 年，清华大学图书馆在国内率先设立了学科馆员制度，随后，西安交通大学图书馆、北京大学图书馆、武汉大学图书馆、东南大学图书馆等相继实行了学科馆员制度，促进了学科馆员制度研究工作的全面开展。但是这段时间关于学科馆员制度的研究论文仍然较少，例如 1998～2001 年这四年间仅仅发表了 11 篇文献。随着网络技术的发展和普及，图书馆数字资源的利用越来越便捷，也促进了学科馆员制度的建立和完善。关于学科馆员制度研究的文献越来越多，2013 年超过 400 篇，这从一方面说明现在学科馆员的相关研究正进入成熟时期。

---

① 陈京.建立一支"学科馆员"的专业队伍 [J].赣图通讯，1987（3）

② 毋益人.学科馆员应该做好哪些工作 [J].河南图书馆季刊，1989（4）

（2）我国学科馆员制度现状

在国内学科馆员建设起步较晚。1998 年，在"211 工程"背景下，清华大学率先在国内实行学科馆员制度，随后北京大学图书馆、西安交通大学图书馆、南开大学图书馆、武汉大学图书馆等 30 多所高校以不同形式开展了这项工作，概括起来有五种类型：一是信息咨询部的人员兼任（以复旦大学图书馆、燕山大学图书馆等为代表）；二是高级研究馆员兼任（以北京航空航天大学图书馆为代表）；三的是专业对口学历的馆员担任（以武汉大学图书馆、中国矿业大学图书馆等为代表）；四是参考馆员担任（以厦门大学图书馆、上海交通大学图书馆为代表）；五是由长期从事学科信息咨询工作的馆员担任（以北京语言大学图书馆、河南工业大学图书馆等为代表）。不论是哪类，都有一个突出特点，即兼职。作为学科馆员，既要有对口学科背景、又要有图书情报专业背景；既要有能力、又要有资历；既要熟练掌握计算机及网络知识、又要熟练掌握外语，这种复合型人才在我国大学图书馆中所占比例非常低，因此只能选择只具备其中一个或几个条件的人，而他们是不能很好地胜任其学科馆员所应完成的工作的，只能为被服务对象提供辅助研究的帮助，不能提供科研创新上的启发，服务层次低，不够专、精、深。必须要不断学习，进行知识的补充和完善，做到缺什么补什么。

3. 中美学科馆员制度差异

我国图书馆学科馆员制度和国外学科馆员制度相比有几个明显的差异，其中最为显著的表现在两个方面：一个是学科馆员人数的设置差异，另外一个是学科服务的内容差异。

从学科馆员人数看，我国大学图书馆设置的学科馆员人数不多，一般只有几个人到十几个人不等，如在中国率先实行学科馆员——图情教授学科服务模式的清华大学图书馆，学科馆员人数只有 9 人，而美国的一流大学像哥伦比亚大学，普林斯顿大学图书馆有学科馆员 45～55 人。由此可见，我国学科馆员的人数设置决定了所提供的学科服务远远不够的。

从学科馆员服务内容看，不论是采取何种服务模式，学科馆员开展的工作内容也只限于：编写参考资料及资源的使用指南、网络及电子资源的用户培训、咨询对口院系对图书馆建设及服务的意见、课题检索、建立学科导航、为院系提供图书情报方面的咨询、电子资源评价等。

而美国的大学图书馆则除了以上几项服务外，同时还有专业课程的咨询、大型课题的文献综述和评价并给出科研咨询意见及建议、课题的长期（数月或数年）文献跟踪。同时中国的学科馆员每人需要负责多个学院或系，其服务的对象是以学院或学科大类为单位，而综合性大学的院系最少的也有二、三十个，而学科数目多达上百个，这样，学科馆员的工作很难照顾到每个学科，最多只能保证一些重点学科的服务。

总体上来说，和美国大学图书馆学科馆员制度相比，我国的学科馆员制度起步晚、起点较高、人才缺乏、总体建设情况落后①。

2.3　学科服务概念

本书中，我们采用 Subject Librarians 作为学科馆员的英文，学科服务的英文则采用了常用的 Discipline Service。

1. 学科服务内涵与外延

一些学者也把学科服务（Discipline Service）称之为学科型服务②、学科化服务、学科化知识服务，或者知识服务，其实这些不同的说法其本质是一样的，都是指图书馆开展的学科服务。在早期的研究中，通常称之为"学科化服务"，后来逐渐使用"学科服务"，本书中均采用"学科服务"这个称谓，并在此基础上对当前关于学科服务的一些内涵和外延进行整合梳理，以便读者能对该课题的研究工作有个基本认识和了解。

所谓学科服务是伴随着学科馆员制度的发展而兴起的一种信息服务，在国内最早关于学科服务的文献报道见于中国科学院国家科学图书馆（原来的中国科学院文献情报中心）的内部资料③。2006 年中国科学院国家科学图书馆李春旺指出：学科化服务就是按照科学研究（例如学科、专业、项目）而不再是按照文献工作流程来组织科技信息工作，使信息服务学科化而不是阵地化，使服务内容知识化而不是简单的文献检索与传递，从而提高信息服务对用户需求和用户任务的支持力度。进一步说，学科服务就是以学科为基础，以学科馆员为核心，以用户为中心，针对用户专业及学科，采用先进的信息技术和网络技术展开的介于信息服务和知识服务之间的一种新型服务模式④。

①　徐佩芳. 中美高校图书馆学科馆员制度研究［J］. 现代情报，2007（12）：214 - 218
②　冯坤. 高校图书馆学科型服务体系的构建研究［D］. 天津：天津大学，2011 年
③　王昭琦，袁永翠. 国内学科服务研究现状与进展［J］. 新世纪图书馆，2012（5）：56 - 59，18
④　宋惠兰. 高校图书馆学科化服务创新研究［J］. 图书馆学研究，2008（11）：88 - 90

在我国，图书馆学科服务最早开始于高校图书馆，是随着国内创建一流大学的潮流兴起的一种新型服务。为了促进图书馆更好地参与到一流大学的创建洪流中，国内一些龙头高校图书馆不断创新，锐意进取，最为突出的改革和创新有三个方面：一是建立学科馆员制度；二是建设各高校特色学科导航数据库；三是搭建高校之间的学科服务平台。这些改革和创新为学科服务的开展奠定了基础。

学科服务的内涵可以理解为：以用户的知识需求为导向，开发知识资源，集成学科专业属性的知识产品，面向学科提供知识内容服务；是提供增值的知识资源，集学科化、知识化、个性化为一体的服务模式。因此，学科服务是以用户为中心的，通过学科馆员依托于图书馆各种信息资源，面向特定用户和机构，建立基于教学科研的、多方位的、新的服务模式和服务机制。

由此可以看出，学科服务有很多方式和手段，其外延的概念比较宽泛，这里我们认为，只要是学科馆员借助于计算机技术和网络技术，依托图书馆的一切资源和网络资源，面向一线科研人员开展的高层次的信息服务、知识服务等均是学科服务的范畴。

2. 学科服务的特点

学科服务是一种需求驱动、面向科研过程的服务。它通常采取知识化组织模式，以用户为中心，面向服务领域或机构，组建灵活的学科单元，将信息资源采集、加工、重组、开发、利用等工作融于每个学科单元之中，整合传统图书馆职能部门，使信息服务由粗放型管理转向学科化、集约化管理，以方便学科馆员提供更深入、更精细的服务。

学科服务除具有传统的信息服务的共同特点外，还有以下几个突出的特点。

第一，组织方式学科化。一般地说，图书馆的服务工作通常都是按照文献流来组织的，从文献的收集到最后被读者利用，其中各个环节都有相应的服务。例如，从文献的采访、编目、加工整序到最后流通到读者手中，图书馆都有相应的服务和服务部门。而学科服务不再按照文献工作流程进行组织，而是按科学研究（例如学科、专业、项目）来组织科技信息工作，即为一个学科、一个专业或一个项目，提供从信息收集、分析到信息推送的全部信息服务，这样就能将信息服务融入到科学研究工作中，真正成为科研活动中一个重要部分，使信息服务具有学术性质，更好地发挥信息资源的作用。

第二，信息服务泛在化。过去图书馆的信息服务提倡"送货上门"式的主动服务，把每一个服务对象都作为服务的阵地，按照图书馆的工作模式提供相关服务。学科服务则是信息服务学科化和泛在化，学科馆员借助于网络的便捷，利用自己的学科背景知识为相关学科提供其需要的信息，使学科服务无所不在，完全融入用户和周围持续的信息流，使用户无论何时、何地都可获得服务，真正做到信息服务的泛在化。

第三，服务内容知识化。学科服务并不是简单的文献传递或馆际互借，而是要对获取的信息进行二次加工，利用情报学原理和文献学方法，按照相关学科的知识体系分门别类地进行信息的重组以便研究人员使用。学科服务是知识化的信息服务，是跨越传统图书馆的文献信息服务边界，参与文献、信息、知识（信息服务内涵的深化）的生产、分析、传播和利用过程（扩展服务外延），深化图书馆信息服务内涵、扩展服务外延的一种新型服务理念与模式，是图书馆致力于 E – Science、E – Learning 信息环境建设，融入用户的教育科研过程开展专业化服务的战略选择。

3. 学科服务与咨询服务差异

图书馆学科服务是在传统咨询服务基础上，为适应网络环境的新形势和科学技术的迅速发展，为图书馆在数字环境下继续生存而发展起来的一种新的服务方式。和图书馆传统的咨询服务相比，学科服务在很多方面有不同之处，我们把这两者做一比较列表 2 – 2 所示。

表 2 – 2　传统咨询服务与学科服务差异

	传统咨询服务	学科服务
服务的性质	根据馆藏资源的引进来服务	根据用户需求的走出去服务
服务的方式	被动服务，用户到馆接受服务	主动融入用户服务
服务的地点	图书馆内	教学科研的一线现场
服务的内容	对用户提供普惠式的服务	为用户提供个性化服务
服务的形式	提供文献服务	提供知识服务
服务的目标	指引用户查找文献资源，帮助用户迅速有效地使用图书馆	不是代替用户直接获取学科资源，而是选择优秀的学科资源，以有效的方式组织、揭示、宣传、推广图书馆资源和服务，加强图书馆与各院系联系，优化信息环境，为教学、科研的自主创新提供有力信息支撑
服务的对象	到馆用户（没有学科之分）	具体、有限，从用户群体中细分出来的、集中在专门领域的学科用户
服务主体	参考咨询馆员	学科馆员

参考文献

[1] 柯平, 唐承秀. 高校图书馆学科馆员工作创新 [J]. 大学图书馆学报, 2003 (6): 42 - 45

[2] 李春旺. 国内学科馆员研究综述 [J]. 图书情报知识, 2004 (2): 26 - 28

[3] 马玉玲. 中美大学图书馆学科馆员的比较分析 [J]. 情报资料工作, 2010 (4): 107 - 110

[4] 何青芳, 阳丹. 美国著名高校图书馆学科馆员服务模式研究 [J]. 情报理论与实践, 2010, 33 (5): 111 - 114

[5] 杨广锋, 代根兴. 学科馆员服务模式的演进及发展方向 [J]. 大学图书馆学报, 2010 (1): 5 - 8, 13

[6] 石翠莲, 美国高校图书馆学科馆员现状述评 [J]. 河北科技图苑, 2013, 26 (4): 93 - 95, 33

[7] 张怀绥. 学科馆员制度研究 [J]. 西华师范大学学报 (哲学社会科学版), 200 (6): 158 - 161

[8] 吴翠兰. 学科馆员制度建设及发展探析 [J]. 图书馆学研究. 2003 (4): 71 - 73, 76

[9] 王强. 学科馆员与大学图书馆知识服务 [D]. 吉林大学. 2010

[10] 徐佩芳. 中美高校图书馆学科馆员制度研究 [J]. 现代情报, 2007 (12): 214 - 218

[11] 欧阳瑜玉. 美国著名大学图书馆学科服务的特点 [J]. 图书馆建设, 2010 (12): 73 - 76

[12] 何青芳, 阳丹. 美国著名高校图书馆学科馆员服务模式研究 [J]. 情报理论与实践, 2010, 33 (5): 111 - 115

[13] 李武. 美国大学学科馆员服务的典型案例及其启示 [J]. 图书馆杂志, 2004, 23 (7): 38 - 40

[14] 王雪芳. 高校图书馆学科服务制度体系研究 [J]. 图书情报工作, 2013, 57 (9): 23 - 26

[15] 刘素清, 郭晶. 高校图书馆学科服务突破瓶颈的理论思考 [J]. 图书馆杂志, 2010, 29 (4): 35 - 37

第3章 美国大学图书馆学科服务现状调研

美国大学排名一般按四种类型进行：国家级排名、文理学院排名、商务专业排名、工程专业排名。本课题从这四类排行榜中选择可以在国内正常登录图书馆主页的大学共计18所，分别是：哈佛大学（Harvard University）、普林斯顿大学（Princeton Unversity）、耶鲁大学（Yale University）、哥伦比亚大学（Columbia University）、芝加哥大学（The University of Chicago）、威廉姆斯学院（Williams College）、阿默斯特学院（Amherst College）、史瓦兹摩尔学院（Swarthmore College）、明德学院（Middlebury College）、宾夕法尼亚大学（University of Pennsylvania）、麻省理工学院（Massachussetts Institute of Technology）、加州大学伯克利分校（University of California Berkeley）、弗吉尼亚大学（University of Virginia）、斯坦福大学（Stanford University）、加利福尼亚理工学院（California Institute of Technology）、伊利诺伊大学香槟分校（University of Illinois at Urbana – Champaign）、佐治亚理工学院（Georgia Institute of Technology）、卡内基梅隆大学（Carnegie Mellon University）。这些大学的排名基本上位居前面，相对来说其学科服务的研究结果对我们有一定的参考价值。由于课题组人员、时间有限无法对美国大部分高校进行调研，但我们有理由相信以上4类排行榜单中排名靠前的这18所高校基本可以代表美国大学图书馆的学科服务现状，所以我们将上述18所美国大学作为本课题的重点研究案例，采用网络调研法对上述美国大学的图书馆网站的进行详细统计，以分析和研究美国大学图书馆的学科服务现状。

3.1 美国大学图书馆学科馆员信息揭示

美国大学图书馆学科馆员信息揭示主要是指美国大学图书馆在其网站栏目设置方面对学科馆员安排信息的揭示之类的内容。通过访问美国大学图书馆我们发现，美国大学图书馆主要是通过在图书馆主页人员信息栏目揭示学科馆员信息，将学科馆员置于"研究支持"等栏目等方式揭示学科馆员信息的，详见表 3 - 1。

表 3 - 1　美国大学图书馆学科馆员揭示情况统计表

揭示方式	大学
图书馆主页人员信息栏目	史瓦兹摩尔学院图书馆主页 libraries 下的 staff 栏目，在学科馆员下进行了标注； 明德学院图书馆主页，点击 Liaisons 后进入 Liaisons by Department 网页； 威廉姆斯学院图书馆信息（Library Info）栏目下，有员工与部门（Staff & Departments）子栏目；
图书馆主页研究支持（Research Support）栏目/研究（Research）栏目	哈佛大学图书馆、哥伦比亚大学图书馆、宾夕法尼亚大学图书馆、麻省理工学院图书馆（Research guides & expert librarians）、卡内基·梅隆大学图书馆（Find a Subject Expert）
图书馆主页获取帮助（Get Help）栏目	普林斯顿大学图书馆（Meet with a Subject Specialist）
图书馆主页的服务（Services）栏目	耶鲁大学图书馆、佐治亚理工学院图书馆
图书馆主页使用图书馆（Using the library）栏目	芝加哥大学图书馆
图书馆主页关于图书馆（About library）栏目	阿默斯特学院图书馆（Staff directory）、加州大学伯克利分校图书馆（Staff directory）、弗吉尼亚大学图书馆（Subject Librarians）、斯坦福大学图书馆（People）
图书馆主页咨询图书馆员（Ask a librarian）栏目	加利福尼亚理工学院图书馆
图书馆管理（Administration）栏目	伊利诺伊大学香槟分校图书馆

从调查的情况看，美国大学图书馆对学科馆员有两种称谓，一种是称为学科专家（Subject Specialists），多数美国大学图书馆采用这种称谓。另一种是称为联络员（Liaisons）。不管是哪种称谓，美国大学图书馆的学科馆员负责的工作都具有一定的共性。比如，卡内基·梅隆大学图书馆说明：卡内基·梅隆大学的每个部门或学院都安排了图书馆员作为联络馆员，联络馆员负责如下工作：通过电话、电子邮件和即时通讯等方式提供当面的研究帮助，

为教师和学生提供研究咨询，建立和维护其所负责学科的研究指南，选择和管理其所负责领域的图书资源，与学术部门沟通，提供关于研究策略和资源方面的图书馆教学①。加州大学伯克利分校图书馆说明：图书馆在每个院系及服务项目中为教师和学生安排了学科专家，作为部门联络员，学科专家提供如下服务：提供图书馆政策及服务项目相关的信息，提供专业的参考咨询，教授班级或个人如何最大限度地利用图书馆资源帮助研究，购买图书馆的书籍、杂志和数据库等资源②。

3.2　美国大学图书馆学科馆员设置

美国大学图书馆安排不同部门的人员作为各学科或服务项目的学科馆员。学校规模大的综合性大学图书馆安排的学科馆员数量多，而规模较少的文理学院的图书馆安排的学科馆员的数量也较少。在上述 18 所美国大学图书馆中，我们选择了学科馆员数量较多的列举如下。

1. 哈佛大学图书馆

哈佛大学图书馆共为 35 个学科安排了学科馆员，每个学科安排的学科馆员数量差别较大，最少的为 1 位，最多的为档案学（Archives）学科馆员，数量是 30 位，植物学、生物学、艺术学等学科的学科馆员数量也较多；每位学科馆员负责的学科数量也存在差别，一些学科馆员只负责一个学科的服务工作，有的学科馆员除了作为一个学科的学科馆员外，还同时作为其他学科的学科馆员，负责的其他学科被称为额外的学科领域（Additional Subject Areas）。该馆在每个学科下列出了该学科的学科馆员，介绍了学科馆员姓名、负责的工作、电子邮箱、联系电话、所在图书馆、所在部门、负责的学科领域、额外的学科领域等基本信息③。

2. 普林斯顿大学图书馆

普林斯顿大学图书馆由 42 位学科馆员负责 71 个学科的服务工作，从学科馆员具体负责的学科来看，其服务模式为一对一模式、一对多模式、多对

---

①　http：//search. library. cmu. edu/.

②　http：//www. lib. berkeley. edu/node.

③　http：//library. harvard. edu/.

一模式并存，每位学科馆员负责的学科数量由 1 个到 5 个不等；每个学科最多有 2 位学科馆员负责，共有 5 个学科同时由 2 位学科馆员负责；42 位学科馆员来自不同分馆、不同的部门。普林斯顿大学图书馆学科馆员页面给出了不同学科的学科馆员的姓名、电话、E - mail，便于师生联系学科馆员①。

3. 耶鲁大学图书馆

耶鲁大学图书馆共在 138 个学科设置了 59 位学科馆员，还有 8 个学科没有设立学科馆员；从学科馆员具体负责的学科来看，其服务模式为一对一模式、一对多模式、多对一模式并存，每位学科馆员负责的学科数量由 1 个到 15 个不等，最多的为一人负责 15 个学科的服务工作——一位名为 "Gilman, Todd" 的学科馆员负责了美国文学、美国文艺研究、英国文学、加拿大历史研究等 15 个学科的服务工作，其次，一位名为 "Crowley, Gwyneth" 的学科馆员负责了经济学、心理学、社会学、妇女研究等 10 个学科的服务工作。该馆的学科馆员页面给出了不同学科的学科馆员的姓名、电话、E - mail，便于师生联系学科馆员；点击学科名称，进入学科资源及服务页面；点击学科馆员的姓名，进入详细介绍学科馆员的页面，介绍了学科馆员的工作地点、负责的学科范围、毕业院校、兴趣爱好等，便于师生对学科馆员有比较深入的了解②。

4. 哥伦比亚大学图书馆

哥伦比亚大学图书馆将学科馆员称为学科专家联络人（Subject Specialist Liaisons），学科专家联络人负责图书馆与学科及特定群体之间的联系，建立有效沟通渠道，识别学生和教师的信息需求，将他们的需求与适当的图书馆对接，追踪发现的问题，确保解决方案的实施，确保教师和学生了解如何满足他们的信息需求。读者遇到问题或关注图书馆的资源及服务时，可以与适当的学科专家联络人联系，如果读者所关注的专业没有安排联络人，也可以与馆藏发展部主任联系。哥伦比亚大学图书馆的学科专家页面仅列出了学科、学科专家、办公位置、办公电话、电子邮箱等基本信息。哥伦比亚大学图书馆共在 110 个学科领域安排了 47 位学科专家，每位学科馆员负责的学科从 1 个到 7 个不等，仅有一个学科由 2 位学科馆员负责③。

---

① https://library. princeton. edu.
② http://web. library. yale. edu/.
③ http://library. columbia. edu/.

5. 芝加哥大学图书馆

芝加哥大学图书馆的学科专家页面列出了学科专家及负责的学科的基本信息，从该页面可以发现，芝加哥大学图书馆安排了 31 位学科馆员，负责100 余个学科领域的学科服务工作，每位学科专家负责的学科数量为 1 个至 9个不等，仅有极少数学科专家负责一个或八九个学科，多数学科专家负责 5个左右学科的服务工作。点击学科专家页面的学科专家名字，可以跳转到给学科专家发邮件的页面；点击学科名称，可以进入学科指南页面①。

6. 威廉姆斯学院图书馆

从威廉姆斯学院图书馆的员工与部门栏目页面的其他员工列表（Other Staff Listings）可以了解到，威廉姆斯学院图书馆安排了各学院的联络馆员（Library Liaisons for Academic Departments），同时，为学科研究人员提供研究预约咨询服务（Research Appointments by Subject），从这两个方面来看，该图书馆为学院、研究人员安排了学科馆员。威廉姆斯学院图书馆共安排了 11 位学科馆员，仅有 1 位学科馆员负责一个学科的服务工作，其他学科馆员负责2 ~ 7 个学科不等，学科馆员来自图书馆不同的部门②。

在图书馆联络馆员方面，威廉姆斯学院图书馆的联络馆员是图书馆与院系联系的负责人，负责馆藏发展问题、高年级学生论文、图书馆信息服务等工作；对于一些院系，图书馆还安排了第二馆员负责额外的教学支持工作；对于没有安排第二馆员的院系，由联络馆员负责教学工作。在研究预约服务方面，图书馆联络馆员同时负责对口院系的研究服务工作。无论是刚刚在威廉姆斯学院开始研究项目的人员，还是已经写了很多论文的人员，都可以从与馆员一对一的交流中获益，主要是在如下方面可以获益：查找需要的图书馆资源、学习如何寻找主要的研究中心目录、通过馆际请求文献、学习如何有效地使用网络帮助研究。

7. 阿默斯特学院图书馆

阿默斯特学院图书馆共在 33 个学科安排了 7 位学科馆员，比如美国研究、人类学和社会学、建筑研究、艺术和艺术史、天文学等学科。在 7 位学

---

① http：//www. lib. uchicago. edu/e/index. html
② http：//library. williams. edu/

科馆员中，有 2 位是仅负责一个学科的服务工作，其他 5 位学科馆员都是负责多个学科的服务工作，其中，有 2 位学科馆员负责的学科数量最多，都是 8 个学科。在学科馆员页面，点击学科馆员的名字，可以进入该馆员的个人页面，主要介绍学科馆员的名字、联系电话、电子邮箱、负责的学科、所在图书馆等基本信息。阿默斯特学院图书馆的学科馆员为各个学院的班级或个人提供专门的研究指导、开展研究方面的预约咨询、购买图书或其他用来支持教学和学习的资料，同时，每个学院也有一个教师作为图书馆代表①。

8. 史瓦兹摩尔学院图书馆

史瓦兹摩尔学院图书馆网站并没有建立专门的学科馆员栏目或列表，而是在图书馆职工页面对职工介绍时添加了学科馆员的相关说明。史瓦兹摩尔学院图书馆共安排了 8 位学科馆员负责 39 个学科的服务工作，其中，有 3 位学科馆员都只是负责一个学科的服务工作，有 1 位学科馆员负责 3 个学科的服务工作，其余 4 位学科馆员都是负责多个学科的服务工作②。

9. 明德学院图书馆

明德学院图书馆的学科馆员称为联络员（Liaisons），该馆共在 53 个学术部门安排了联络员，每个学术部门有 1 位联络员，一位联络员负责的学术部门的数量不等，既有负责 1 个学术部门的联络员，也有负责多个学术部门的联络员。学术部门不仅包括学科专业，也包括一些服务项目，比如，教学、学习与研究中心，写作项目等具体的服务项目中也都分别安排了联络员③。

3.3 美国大学图书馆学科服务特色简介

1. 咨询服务

咨询服务是美国大学图书馆开展的一项基础学科服务工作。普林斯顿大学图书馆的学科馆员通过在线咨询、电话咨询、电子邮件咨询、当面咨询等方式提供学科咨询服务。普林斯顿大学的学生、教师、工作人员和校友都可

---

① https：//www. amherst. edu/library
② http：//www. swarthmore. edu/libraries
③ http：//www. middlebury. edu/academics/lib

以就自己的研究问题，采用当面咨询的方式咨询学科馆员，如果需要当面咨询，需要进行预约，该校图书馆提供了在线预约方式，需要咨询的人可以在线填写姓名、电子邮箱、研究主题或问题、可以当面咨询的日期等基本信息后，提交预约请求，就会有相应的学科馆员与其联系。哥伦比亚大学图书馆学科专家为用户提供当面学科咨询服务，用户需要与学科专家预约，确定当面咨询的具体时间安排。

2. 学科研究指南

美国大学图书馆的学科馆员通过制作学科研究指南的方式提供学科相关资源及介绍使用方法，学科研究指南多基于 LibGuides 平台。普林斯顿大学图书馆在其主页的获取帮助（Get Help）栏目设有 Subject Guides，点击即可进入指南页面，该馆共建立了 6 个类别的指南，包括：区域文化研究（Area & Cultural Studies）、非学科指南（Non – subject Guides）、艺术与人文（Arts & Humanities）、社会科学（Social Sciences）、课程指南（Course Guides）、科学（Sciences）；每个类别下面又细分为不同的专业或种类，一共有 51 个指南。由于不同学科或领域的指南由不同的学科馆员负责，因此，每个指南所包含的基本内容也有差别，但总体来讲包括文献管理软件、查找图书、查找学科专业文献、学科课程指南、查找学位论文等方面的内容。在每个指南的页面，都有学科馆员的基本信息及联系方式，方便读者随时咨询。

哥伦比亚大学图书馆在其主页的研究支持（Research Support）栏目下提供了研究指南（Research Guides）的链接，点击即可进入学科指南页面。哥伦比亚大学图书馆已经建成了 40 多个学科的学科指南，比如：电影和电视指南、地质和地球科学研究指南、英国档案馆指南、历史人文学科指南、化学研究指南、人权研究指南、新闻学学科指南与网络资源、拉丁美洲与伊伯利亚研究指南等。以化学研究指南为例，该指南主要包括化学相关的电子期刊、数据库、电子图书、学会网站等资源。该馆还专门为本科生制作了检索资源方面的指南。

芝加哥大学图书馆在其主页的指南及工具（Guides & Tools）栏目提供了学科研究指南（Research Guides by Subject）的链接，点击即可进入学科研究指南页面。芝加哥大学图书馆建立了 12 个学科的学科研究指南，包括：区域文化研究（Area & Cultural Studies）、艺术（Arts）、商业（Business）、人文（Humanities）、法律（Law）、文学（Literature）、医学（Medicine）、科学（Sciences），物理（Physical）、社会科学（Social Sciences）、服务社会或社会工作（Social Services / Social Work）、特色馆藏（Special Collections）。在每个学科领域下又包含多个学科专业的指南，在研究指南的主页面列出了每个学科领域下的部分指南，点击学科领域最后面的更多选项（more），可以进入该学科领域的指南页面；如果在研究指南主页面直接点击学科专业名称，则可以进入该学科专业的指南页面。芝加哥大学图书馆的学科研究指南采用 LibGuids 平台。学科研究指南为用户介绍芝加哥大学图书馆收藏的学科文献，支持学科的科研与教学；学科指南可以帮助用户查找相关的资料，包括图书、期刊论文、报纸、统计、试听材料等。

　　威廉姆斯学院图书馆主页的研究帮助（Research Help）栏目下，有学科指南（Research Guides）子栏目，点击进入学科与课程指南（Subject & Course Guides）页面。学科与课程指南是威廉姆斯学院图书馆馆员为特定课程及更加广泛的领域的研究制作的指南，用户还可以根据需要向图书馆员建议建立新的学科指南。目前，威廉姆斯学院图书馆已经建立了 38 个学科专业的学科与课程指南。选择一个学科名称，点击进入具体学科的学科与课程指南页面。以化学专业学科与课程指南页面为例，该页面的上半部分是化学学科指南，下半部分是化学课程指南。化学学科指南主要是介绍威廉姆斯学院图书馆的资源，同时，该页面作出了与学科馆员咨询的提示，并提供了学科馆员联系方式的链接。化学学科指南为读者提供了科研选题指南，介绍了查找图书、电子图书、期刊论文、学位论文等资源的方法，为用户制作海报、如何阅读科学论文提供指导，并为用户提供当前告知服务（Current Awareness）。在化学课程指南方面，目前包括 2014 年春季、秋季开设的 13 门课程的指南，点击每门课程可以进入该课程的指南页面。以现代化学原理课程指南为例，在该学科课程指南页面，可以了解开课教师的名字，以及学科馆员的名字、联系电话等基本信息；通过这个课程指南，用户可以发现解决问题的信息和数据，完成实验室报告的引文等。现代化学原理课程指南主要介绍了学科相关资源的使用方法，比如查找电子图书、论文、数据等。同时，威廉姆斯学院图书馆主页提供了另外一种进入课程指南页面的方法，即在图书馆的研究帮助（Research Help）栏目下，有课程指南（Course Guides）子栏目，点击进入课程指南页面。在课程指南页面直接点击学科名称，进入该学科课程指南页面，每个学科的课程指南页面的内容与上文所述的通过学科指南进入的学科与课程指南页面的课程指南内容相同。

　　佐治亚理工学院图书馆馆员建立的研究指南，旨在帮助用户找到最好的信息，研究指南链接到有用的资源，比如学术文章、书籍、政府文件、网站、

博客、视频网页等。研究指南涉及具体的学科、课程、热点话题、图书馆研
讨会、技术报告、档案及专利。佐治亚理工学院图书馆的研究指南包括学科
专业指南、非学术指南和交叉学科指南三类。在学科专业指南方面，该馆制
作了 6 个学院的 28 个学科专业指南；在非学术指南方面，该馆制作了 5 个方
面的指南，分别是：亚特兰大（Atlanta）、职业生涯（Careers）、宪法日
（Constitution Day）、佐治亚理工学院图书馆事件（Events @ GT Library）、佐
治亚理工学院图书馆可持续发展（Sustainability @ GT Library）；在交叉学科
指南方面，该馆制作了档案（Archives）、教育（Education）、统计（Statis-
tics）等 20 个交叉学科方面的指南。该馆的研究指南提供按学科馆员浏览、
按学科浏览等 2 种浏览方式。

3. 哈佛大学图书馆的学科研究成果共享服务

哈佛大学图书馆除了在用户的教学与科研过程中提供学科服务外，还提
供学科研究成果共享服务，该服务通过"贡献你的研究（Contribute Your Re-
search）"来实现。哈佛大学科研人员可通过"哈佛大学学术成果数字访问
（Digital Access to Scholarship at Harvard，简称 DASH）"数据库和"数据存储
网络（Dataverse Network.）"来保存学术研究成果以及科研数据。

（1）哈佛大学学术成果数字访问

"哈佛大学学术成果数字访问"（DASH）数据库是哈佛大学提供的一项
重要服务，由学术交流办公室（The Office for Scholarly Communication，简称
OSC）负责其存储服务工作，DASH 旨在为科研人员提供最广泛的访问哈佛学
术研究成果的途径；DASH 用来共享和保存学术研究成果，除了存储哈佛大学
开放存取决议确定的一些学术期刊的文章，DASH 还可以用来存储私人手稿及
相关材料（如数据、图像、音频和视频文件等）。"哈佛大学学术成果数字访
问"数据库主页列出了一些具有特色的研究成果，对这些研究成果进行简单
介绍，方便科研人员了解优秀研究成果。

（2）数据存储网络

数据存储网络（Dataverse 网络）是哈佛大学图书馆建立的专门的科研数
据的存储库，Dataverse 网络是一个开源应用程序，用以发布、共享、参考、
提取和分析研究数据，该网络提供数据的长期保存和存档实践，科研人员可
以一直控制自己的数据，并使自己的数据得到认可；通过该网络，科研人员
可以在不同的地点备份及保存数据，可以保存格式化的社会科学数据集，可
以从社会科学数据集中抽取元数据，可以获得元数据标准；该网络方便其他

人获得研究数据，并允许存储者复制其他人的研究数据。Dataverse 网络使得研究人员和数据作者互相信任、出版商和分销商互相信任、各附属机构互相信任。一个 Dataverse 网络承载多个 Dataverses，每个 Dataverse 包含研究或研究的集合，每个研究包含编目信息，描述了数据、实际的数据文件和补充文件。

哈佛 Dataverse 网络面向全世界所有学科的所有科学数据开放，它包括世界上最大的社会科学研究的数据收集。如果用户想上传研究数据，需要首先创建一个 Dataverse，然后上传研究数据，每个 Dataverse 是一个用户存储研究数据的集合，用户通过自己的 Dataverse 定制和管理研究数据。

哈佛 Dataverse 主页列出了最新创建的 Dataverse、数据集合、下载量排在前列的一些研究数据集合。用户可以在 Dataverse 主页进行检索，可以通过简单检索和高级检索两种方式进行检索；在高级检索界面，用户可以在题名、研究数据集的 ID 号、数据生成日期、数据发布日期、数据种类等多个字段进行检索。

（3）哈佛大学图书馆的科研数据管理服务

哈佛大学图书馆与科研数据合作组共同提供科研数据管理服务，创建了专门的科研数据管理网站，旨在帮助科研人员完成数据管理相关的复杂工作，哈佛大学图书馆已经通过合作使得大学内外有关科研数据管理的资源结合在一起，2011 年 1 月，美国国家自然科学基金委关于共享科研数据的要求促使了哈佛大学图书馆开展此项服务。哈佛大学图书馆提供的科研数据管理服务内容包括：哈佛大学科研数据管理政策、美国基金资助机构的科研数据管理政策、科研数据共享、科研数据引用、科研数据管理方面的权利问题、科研数据管理计划撰写等。

4. 哥伦比亚大学图书馆的学科研究成果存储服务

哥伦比亚大学图书馆为学科研究人员提供存储研究成果的服务，建立了学术共享自存储（Academic Commons Self – Deposit）数据库。在该馆主页的研究支持（Research Support）栏目下提供了存储你的研究（Deposit Your Research）的链接，点击即可进入成果存储服务页面。该校的教师、工作人员及学生可以按学科存储各种数字格式的研究成果，包括：文章、专著、学位论文、工作报告、技术报告、会议论文和报告、数据集，软件代码、图像，视频和其他多媒体作品等。目前，该存储数据已经包含了 370 多个学科领域的研究成果。用户可以按照学科领域查看研究成果，在某一研究领域页面可以浏览研究成果的题名、出版时间、作者、摘要等基本信息，还可以下载全文。

5. 普林斯顿大学图书馆的数据及统计服务

普林斯顿大学图书馆在其主页的研究工具（Research Tools）栏目设有数据及统计服务（Data and Statistical Services，简称 DSS），点击进入服务页面。该服务由普林斯顿大学 Firestone Library 开展。统计咨询服务面向目前就读或就职于普林斯顿大学的人员。数据及统计服务顾问为作为独立研究项目的电子数据的分析工作提供统计及软件帮助，如毕业论文、学期论文，学位论文和学术文章等。学科馆员在定量分析方法及应用、数据格式转换、统计分析的理解等方面提供建议。统计软件包支持 State、SPSS、R. 等三种类型。

普林斯顿大学 Firestone Library 为开展数据及统计服务建立了专门的实验室，实验室和 Firestone Library 的开馆时间一致，并安排专门的工作人员为用户提供服务，用户使用实验室的计算机分析数据时不需要进行预约。

数据及统计服务为用户查找数据提供了有效途径，用户可以按学科类别、按区域等方式查找数据。目前，已经建立了 26 个学科、9 个区域的数据集合，比如，艺术与文化、企业、儿童与家庭、社区与城市研究、犯罪与司法、教育等学科，非洲、亚洲澳大利亚和新西兰、加拿大等区域。用户可以选择具体的学科或区域浏览数据，在不同学科或区域的数据页面通常会列出不同类别的数据，用户可以通过页面的描述对数据进行了解，也可以获取数据。在查找数据页面，用户可以按数据的主要提供者查找数据，主要是提供了一些数据提供者的链接，主要包括普林斯顿大学数字地图和地理信息中心（Princeton Digital Map and GIS Center）、Wharton 研究数据服务（Wharton Research Data Service）、综合公共使用微观数据系列（Integrated Public Use Microdata Series）等。

数据及统计服务馆员还建立了在线帮助页面，为用户介绍 State、SPSS、R. 等软件的基本常识及使用方法。

6. 芝加哥大学图书馆的图书馆利用教学

芝加哥大学图书馆在其主页的使用图书馆（Using the library）栏目提供了图书馆利用教学（Library Instruction）的链接，点击进入图书馆利用教学与推广（Library Instruction and Outreach）服务页面。芝加哥大学图书馆的图书馆利用教学服务包括：为课程教学安排图书馆课程（Schedule a Library

Session for Your Course）、D'Angelo 法律图书馆教学（D'Angelo Law Library Instruction）、设计有效的图书馆作业 *（Designing Effective Library Research Assignments）、图书馆支持学术诚信（How the Library Can Support Academic Honesty）。

在为课程教学安排图书馆课程方面，芝加哥大学图书馆允许用户在课程中申请图书馆教学项目，该馆馆员乐于为用户的课程提供定制的教学项目，在教学项目中突出相应的图书馆资源。用户如果需要申请该服务，可以在图书馆网站在线填写申请，图书馆员将会通过电子邮件回应用户的请求，并安排教学日程，用户在图书馆工作时间提交的申请，将会在 24 小时内得到回应。图书馆建议用户至少提前一周时间提交申请，以确保在用户需要的时间有教学空间。在某些情况下，图书馆能够在用户的课堂上安排教学。同时，图书馆提供选择定制课程指南的机会。提交请求时，用户需要填写姓名、电子邮箱、学科专业、课程名称及数量、教学时间、学生数量、用户对于图书馆教学的要求等。

在 D'Angelo 法律图书馆教学方面，芝加哥大学法律图书馆馆员为法律专业学生、本科生、法律教师等不同类型的读者提供图书馆教学服务。①法律专业学生教学。图书馆主要是开展计算机与图书馆培训会、在迎新生时介绍美国法律、暑假在线教程等服务。②本科生教学。主要是为非法律专业人士的法律研究制作了指南，为他们介绍法院/司法资源、立法/法定的法律资源、行政法资源、二次文献资源等。③法律教师科研教学。主要是制作了法律教师科研指南，为教师介绍图书馆的资源以及获得文献的具体方法。

在设计有效的图书馆作业方面，芝加哥大学图书馆的学科专家或咨询馆员能够帮助教师设计对学生有意义的作业，也能在教师需要更高级的作业安排时提供建议。此外，图书馆员能够了解项目，并准备在学生来寻求帮助时帮助学生。通常，教师和图书馆合作布置作业，能够使作业更贴近课堂教学的目标，使学生了解图书馆在他们大学生活中的作用、促进课堂讨论。

在图书馆支持学术诚信方面，芝加哥大学图书馆在预防剽窃、检测剽窃、介绍剽窃相关资源等方面提供服务。①预防剽窃。芝加哥大学图书馆主要是

---

* 帮助老师设计信息检索的相关作业，这些作业和学生的专业课程相关，从而有助于学生专业课程的学习。

通过教育手段预防剽窃。虽然很多学生了解当他们引用图书或论文中的一段话时，需要标引用文献，但是他们可能意识不到当他们进行改述时，也需要标引用文献。一些学生或许能够标明引用的书或论文，但是不能意识到在引用图表、图像或者在他们的论文中用到的其他资源时也需要标明参考文献。鉴于上述情况，芝加哥大学图书馆致力于通过教育的方式降低剽窃行为，他们教会学生引文和参考书目的目的，以及引文和参考书目在学术交流中发挥的更大的作用，这种方式能够避免学生看《避免剽窃手册》时的沮丧，因为避免剽窃相关的手册更注重如何标引文，而不是为什么要标引文。芝加哥大学图书馆主要是开展识别和阅读各种类型的引用、利用引文管理组织你的研究、打印目录及其在研究项目中的作用、引文检索突出的学术交流等方面的教学服务。②检测剽窃。芝加哥大学图书馆为检测剽窃提供了方法指导。首先，可以通过网站搜索的方式检测剽窃，如果要查找的文档包含一定的段落，可以利用谷歌、雅虎等搜索引擎高级查找。其次，可以利用图书馆全文数据库进行检测。再次，可以通过商家提供的剽窃检测软件进行检测，但是芝加哥大学图书馆并不提供这项服务。最后，芝加哥大学图书馆馆员可以帮助用户确定怀疑的引文，或者可以为担心可能被剽窃的段落搜索全文提供建议，如果用户有这方面的服务需求，可以与指定的图书馆员联系。③介绍剽窃相关资源。芝加哥大学图书馆收藏了许多关于剽窃和学术诚信的书，用户可以根据需要进行检索借阅；该馆制作了关于从图书馆资源中引用文献的手册，手册中包含了大多数引文样式信息。

7. 芝加哥大学图书馆的研究支持

芝加哥大学图书馆的学科馆员为该校教师、学生的研究提供支持。主要服务内容包括：①图书馆的学科馆员是各院系、项目的联络人，为教师和学生提供专业的咨询服务，他们也为图书馆购买电子及印刷版资源，同时，图书馆员接受研究人员关于馆藏建设方面的建议。②芝加哥大学图书馆为科研人员提供传递文献的服务，科研人员可以通过直接借阅（Borrow Direct）、Uborrow（指 CIC Menber Universities 大学联盟的图书馆之间的馆际互借）及传统的馆际互借等方式获得其他图书馆的文献。③到其他机构图书馆借阅，芝加哥大学的教师、学生等人员可以获得其他机构图书馆借阅的权限。④为研究助理提供代理借阅服务。不限定借阅权的教师和学者可以申请设立一名其他人员作为代理借阅者，这个代理人能够代表教师借书及召回书，与教师亲自借书具有相同的借书周期和权利。

8. 斯坦福大学图书馆的课程指南

斯坦福大学图书馆主页的研究支持栏目下，提供了课程指南。课程指南列出了由学科馆员与任课教师共同特别挑选的图书馆资源，为了支持用户开展课程相关的研究。目前，斯坦福大学图书馆的课程指南页面提供了 2012 年至 2015 年期间开设的 150 余门课程的指南；该页面包括课程编号、学期、指南名称、任课教师等信息，点击指南名称，进入专门的指南页面。这里以"关于电影研究的介绍"（Introduction to Film Studies）指南为例，该指南是为了帮助学生完成《FILM STUDIES 4》这一课程的论文。"关于电影研究的介绍"指南页面包括研究技能、推荐的数据库、学科馆员及助理学科馆员等信息，其中，研究技能部分包括查找论文、查找图书、管理引文等内容，这些内容为基础研究提供了很好的介绍；推荐的数据库部分提供课程相关的特定资源，包括数据库、网络引文式的在线资源及引文的提示等内容。

9. 麻省理工学院图书馆的学术出版服务

麻省理工学院图书馆建立了专门的学术出版与许可办公室①（Office of Scholarly Publishing & Licensing），以便为麻省理工学院的教师及研究者在学术出版领域遇到的选择和权利等方面的问题提供支持。目前，学术出版与许可办公室有三位馆员，包括一位办公室的项目管理者、一位学术出版项目助理和一位办公室工作人员；办公室的项目管理者在出版协议方面为教师及研究者提供帮助，其能够解答关于作者选择和权利方面的问题，包括麻省理工学院的开放存取政策、美国国家卫生研究院公共获取政策方面的问题，以及在版权和公平使用方面的一般问题等；学术出版项目助理主要负责麻省理工学院教师研究数据的出版及管理工作；办公室工作人员承担了比较宽泛的工作，包括版权和开放存取宣传、开放存取论文存储、促使开放存取政策的实施等工作。麻省理工学院图书馆开展了宣传开放存取政策、建立机构库、管理开放存取出版基金、提供校外开放存取出版渠道、提供商业出版社相关政策、版权信息服务、出版指导等一系列学术出版服务。

在宣传开放存取政策方面，麻省理工学院图书馆在其网站列出了该校的开放存取政策以及美国国家卫生研究院等机构的开放存取政策，并对其进行了详细的解释。

---

① Massachusetts Institute of Technology library. http://libraries.mit.edu/.

（1）麻省理工学院开放存取政策

2009 年 3 月 18 日，麻省理工学院教师一致表决通过了开放存取政策，这一政策是为了使教师的研究成果尽可能广泛地传播。麻省理工学院要求每一位教师作出将其学术文章供其他人获取的承诺，并以公开传播为目的使用文章的版权；从法律方面来讲，每一位教师授予麻省理工学院一个专有的、一成不变的、全部的、世界范围内许可的有关其学术文章的版权范围内的所有权利，麻省理工学院不得以盈利为目的出售教师提供的任何文章。

（2）其他机构的开放存取政策

麻省理工学院图书馆专门介绍了美国国家卫生研究院、美国国家大气研究中心等机构的开放存取政策。

在建立麻省理工学院机构库方面，麻省理工学院图书馆建立了 Dspace 机构库，用于存储、共享、检索数字型研究成果，该机构库的建立能够方便学院教师公开其研究成果并可以长期使用；同时，麻省理工学院的教师也是按照该校的开放存取政策将发表的论文存储到 Dspace 机构库。该机构库可以存储的数字型研究成果包括：文档（比如：文章、预印本、技术报告或会议论文）、图书、学位论文、数据集、计算机程序、多媒体出版物、书目数据、图像、音频文件、视频文件、Web 页等。

在管理开放存取出版基金方面，麻省理工学院于 2010 年开始实施"开放存取文章出版补助基金"（Open Access Article Publication Subvention Fund，简称 OAAPSF）计划，该基金在图书馆系统的教师委员会的指导下设立，由麻省理工学院图书馆负责基金的管理工作。该基金用于支持麻省理工学院的教师、研究科学家、博士后等人员的学术文章的出版，适用于符合条件的开放存取出版、同行评审期刊出版等方式的出版，具体包括如下期刊：①同行评审的期刊；②开放存取期刊目录中包含的期刊；③符合开放存取学术出版商协会的行为守则的期刊；④公开收费标准细目的期刊；⑤在财政困难的情况下放弃收费的期刊。在 2010 年 6 月 1 日以后发表的开放存取期刊论文有资格获得基金；每篇论文的出版补贴金额为 1000 美元，与论文的作者数量没有关系。

在提供校外开放存取出版渠道方面，麻省理工学院图书馆为该校科研人员提供校外开放存取出版渠道，既有开放存取期刊也有开放存取仓储。麻省理工学院图书馆是七个不同学科领域的开放存取出版机构的会员，加入的开放存取出版机构有著名的 arXiv 开放存取仓储，也有 BioMed Central、Nucleic Acids Research 等出版社。出版社的会员资格使得该校科研人员不但可以出版学术研究成果，并可以享受出版费用的打折。

在提供商业出版社相关政策方面，麻省理工学院图书馆为了方便该校教师和研究者在遵循该校开放存取政策的前提下，顺利地在商业出版社出版研究成果，在图书馆网站提供了数十家商业出版社的相关政策。面对麻省理工学院的开放存取政策，各出版社采取的政策主要有 6 种：①同意开放存取出版，比如美国物理学会、美国数学学会等 6 家出版社等；②同意开放存取出版，但作者只能发布在出版社出版的文章的最终版本，比如美国经济学会、《行政科学季刊》出版社等 25 家出版社；③不同意开放存取出版，比如威利布莱克威尔、爱斯维尔等 3 家出版社；④不同意开放存取出版，也不允许作者将发表的研究成果发布在 Dspace 机构库，比如美国科学促进协会；⑤不同意开放存取出版，但允许作者在出版研究成果后的 6 个月或 12 个月将发表的研究成果发布在 Dspace 机构库，比如美国化学学会、美国国家科学院等 3 家出版社；⑥作者将发表的最终版本发布在 Dspace 机构库，但需要与出版社签订标准协议，比如斯普林格公司。麻省理工学院的教师和研究者可以通过这些信息选择适合的出版社出版研究成果。

在版权信息服务方面，麻省理工学院图书馆向教师和学生介绍了在出版活动中保留版权的原因、保留版权的方式、应该保留哪些方面的版权，以便使作者能够在通过商业出版社出版学术成果的同时，顺利地将其研究成果存储在麻省理工学院图书馆的 Dspace 机构库以及其他开放存取仓储。同时，麻省理工学院图书馆介绍了版权的基本概念、作者在哪些活动中会产生版权问题、作者在哪些活动中不会产生版权问题、是否可以复制或链接在线数据库或电子期刊中的内容、公平使用权等方面的内容。该馆还制作了专门的介绍版权的视频课件，视频课件分为教师版和学生版，教师版的课件为"管理版权—提高教学和研究"，学生版的课件为"理智出版"，教师和学生可以在线学习视频课件的内容。麻省理工学院图书馆通过提供版权服务，使教师和学生了解基本的版权知识，从而避免在学术传播过程中发生违反版权法的事件。

在出版指导方面，麻省理工学院图书馆通过制作开放存取出版指南，开展出版咨询服务等方式指导科研人员出版学术研究成果。该馆制作的出版指南分为四个部分：①获取资助。包括资助和基金指南、资助方的政策和要求两部分内容，"资助和基金指南"部分提供了美国国家卫生研究院等机构的资助信息，"资助方的政策和要求"部分提供了美国国家卫生研究院等机构的开放存取政策以及一些资助机构对于研究数据公开获取的要求；②查找相关研究内容。包括咨询学科馆员、学科指南、出版文献相关的查找工具的使用、查找数据等四部分内容，"咨询学科馆员"部分列出了各个学科的学科馆员及其介绍、联系方式等信息，"学科指南"是学科馆员制作的各个学科研究相关的指南，"出版文献相关的查找工具的使用"部分提供了麻省理工学院图书馆书目检索链接，"查找数据"部分提供了生物信息学数据、社会科学数据相关的内容；③信息管理/写作。包括组织和引用来源、数据管理、论文写作等三个部分，介绍了麻省理工学院图书馆提供的目录创建、参考文献管理、数据管理、写作等方面的服务；④选择一个杂志。提供了期刊的影响因子、按题名或类型排列的期刊目录、开放存取期刊出版费用及质量控制、按照论文摘要选择投稿期刊等方面的内容。麻省理工学院图书馆学术出版与许可办公室的项目管理者及项目助理为科研人员提供版权、出版协议、数据管理方面的咨询，此外，还有各个学科的学科馆员为具体学科科研人员的出版提供咨询服务。

10. 斯坦福大学图书馆的学术技术专家服务

斯坦福大学图书馆开展了学术技术专家服务（Academic Technology Specialists Service），旨在为科研人员的教育与研究的技术创新提供服务；学术技术专家挂靠在斯坦福大学图书馆，但是根据他们各自的学科背景被安排在学院、部门或研究项目中，大部分时间都不在图书馆工作，他们参与部门文化、与教师分享学术兴趣。斯坦福大学图书馆已经开展的学术技术专家服务项目主要包括：数码沙龙、空间与地理信息系统、图书馆实验室、技术共享网站等。技术共享网站具有维基网站类似的功能，任何持有斯坦福大学 ID 卡的人都可以创建一个账号，可以发表帖子、编辑别人的帖子或者对帖子发表评论，个人还可以通过 RSS 订阅获得网站内容变化的通知；技术共享网站具有双重功能：一是提供了一个快速简便的共享和扩大知识资源库的方式，比如根据软件安装、配置等问题进行提问；二是作为将分析的资源汇集起来、连接校园内不同技术群体的枢纽，实现校园社区内成员间的非面对面互相交流。

11. 科研数据管理教育

哈佛大学图书馆、弗吉尼亚大学图书馆都开展了科研数据管理教育。

2010 年，弗吉尼亚大学图书馆针对美国国家科学基金会数据管理计划的要求及其他不断增长的需求，成立了科学数据咨询工作组（Scientific Data Consulting Group，简称 SciDaC）；2013 年，更名为数据管理咨询工作组，该工作组由 5 名工作人员构成，专门为科研人员提供数据管理教育及咨询服务。

明尼苏达大学图书馆的科研数据管理培训网站也提供了具体的联系人，包括：科研服务图书馆员、工程与材料学科馆员、社会科学及数据服务图书馆员，使得用户可以根据需要与具体的馆员联系。

哈佛大学图书馆制作了视频文件、PDF 文件上传到数据管理培训网站，为科研人员介绍科研数据管理概念、科研数据管理政策、哈佛大学图书馆的数据存储网络（Dataverse Network）服务等内容。

哈佛大学图书馆、弗吉尼亚大学图书馆等都详细介绍了科研数据管理基础知识，主要包括：（1）管理及数据的概念。在数据管理中，"管理"包括记录数据，控制数据的访问和使用，提供了新版本的数据；"数据"包括定量或定性的数据集，在分析中使用的方法，对数据的描述；（2）管理科研数据的理由。从研究者的角度来讲，研究者通常通过在个人电脑上存储数据、将数据存储到档案馆、在个人网站存储数据等三种方式存储科研数据，然而，这样存储科研数据，往往存在一些问题，比如，在个人电脑上存储数据造成数据不容易共享、数据不安全，将数据存储到档案馆使作者丧失对数据的控制，在个人网站存储数据存在缺乏专门的存储服务；从档案保管员的角度来讲，数字文件容易损坏，而且损坏通常并不显而易见；从基金资助机构及哈佛大学的政策来看，都对科研人员有具体的保存、共享数据的要求。

哈佛大学图书馆、弗吉尼亚大学图书馆等都针对撰写科研数据管理计划进行了明确指导。通常，数据管理计划应包括如下内容：（1）项目研究过程中由谁负责数据管理工作；（2）由谁负责搜集的数据的质量；（3）项目研究过程中创作的数据、样品、实体收集物、软件、课程教材及其他材料的类型；（4）可用数据的标准、元数据格式和内容；（5）数据访问及共享政策，应包括适当保护隐私、保密、安全、知识产权、其他权利或要求等方面的内容；（6）数据再利用、重新分配以及衍生品的生产等方面的政策；（7）数据、样品及其他研究成果归档计划。弗吉尼亚大学图书馆建议项目申报者使用数据管理计划工具撰写数据管理计划，该工具由弗吉尼亚大学图书馆联合其他一些研究机构共同开发，能够帮助研究者撰写数据管理计划，使用该工具能够完成美国科学基金会、美国国家人文基金会（The National Endowment for the Humanities，简称 NEH）、博物馆和图书馆服务研究所（Institute of Museum and Library Services，简称 IMLS）等基金资助机构要求提交的数据管理计划。

弗吉尼亚大学图书馆已经开展了内容丰富的专题研讨会，主要涉及如下方面的内容：社会科学研究中的数据管理计划、收集及管理科研数据、共享研究数据的优点、元数据收集、生命科学研究中的数据管理计划等，并且在 2013 年 7 月份即将开展工程科学研究中的数据管理计划研讨会、数据管理计划工具研讨会、研究数据的云存储选择评价研讨会。科研人员参加专题研讨会，需要在图书馆主页的预约系统进行预约。

12. 加利福尼亚理工学院图书馆的学科资源检索

加利福尼亚理工学院图书馆在馆藏资源检索界面设置了学科资源检索模块，用户可以按照学科名称检索馆藏资源，用户可以通过两种途径进行检索。一种是在利福尼亚理工学院图书馆的主页面的检索（Search）模块下，选择"学科"（Subject）选项，然后输入检索词（如图 3 - 1 所示）。另一种是在主页面的检索模块下，通过点击高级检索进入高级检索页面，再在高级检索界面点击学科选项，然后输入检索词（如图 3 - 2 所示）。用户可以根据学科名称的长短进入检索式输入。学科检索采用特定的、用于描述文献资料的受控词汇库，如果用户没有检索到需要的主题索引，可以尝试输入一个关键词进行检索，也可以咨询图书馆员。

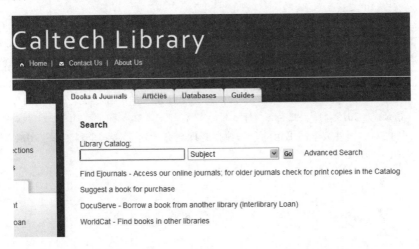

图 3 - 1　加利福尼亚理工学院图书馆的学科资源检索页面 1

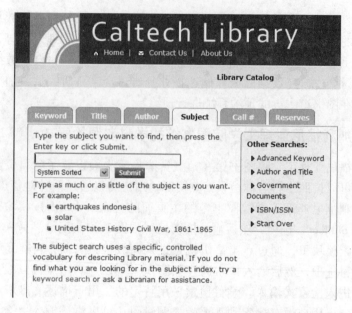

图 3 - 2　加利福尼亚理工学院图书馆的学科资源检索页面 2

参考文献

［1］　鄂丽君. 麻省理工学院图书馆学术出版服务介绍［J］. 图书馆杂志, 2014（1）: 78 - 82.

［2］　鄂丽君, 蔡莉静. 国外大学图书馆科研支持服务内容介绍及特点分析［J］. 图书馆杂志, 2015（1）: 82 - 86.

［3］　鄂丽君. 国外大学图书馆的科研数据管理教育［J］. 情报资料工作, 2014（1）: 101 - 105.

第4章 中国一流大学图书馆学科服务现状比较

所谓"中国一流大学"就是各类评价机构以质量和创新为导向，依据"一流的队伍、一流的学科、一流的绩效、一流的国际化、一流的影响力"五条标准，根据"集中与离散分布规律"和"二八率原则"选出的，不同的评价机构采用的评价体系不同从而有不同的评价结果。我国迄今尚无较为统一或权威的评价指标体系，尽管参与评价的机构众多，但各个机构对于"中国一流大学"的认定结果却基本相同。本章的研究对象"中国一流大学"的确定，采用的是武汉大学中国科学评价研究中心（RCCSE，Research Center for China Science Evaluation）和中国教育质量评价中心于 2015 年 1 月 13 日公布于中国科教评价网（www. nseac. com）的《2015 年中国大学及学科专业评价报告》中的中国一流大学排行榜。

4.1 中国一流大学排名

中国科学评价研究中心认定的"中国一流大学"共计 27 所，见表 4 - 1 所示①。

表 4 - 1 中国一流大学排行榜

排名	学校名称	总分	所属中地区序		类型序	
1	北京大学	100.00	北京市	1	综合	1
2	清华大学	99.96	北京市	2	理工	1
3	浙江大学	89.02	浙江省	1	综合	2
4	上海交通大学	83.80	上海市	1	理工	2
5	武汉大学	78.87	湖北省	1	综合	3

---

① http://www.nseac.com/html/14/665377.html

续表

排名	学校名称	总分	所属中地区序		类型序	
6	南京大学	78.15	江苏省	1	综合	4
7	复旦大学	78.08	上海市	2	综合	5
8	吉林大学	68.23	吉林省	1	综合	6
9	华中科技大学	68.20	湖北省	2	理工	3
10	四川大学	68.05	四川省	1	综合	7
11	中山大学	67.51	广东省	1	综合	8
12	山东大学	67.45	山东省	1	综合	9
13	西安交通大学	67.27	陕西省	1	理工	4
14	哈尔滨工业大学	65.21	黑龙江省	1	理工	5
15	南开大学	65.05	天津市	1	综合	10
16	东南大学	64.98	江苏省	2	理工	6
17	中国科学技术大学	63.67	安徽省	1	理工	7
18	中国人民大学	63.64	北京市	3	文法	1
19	同济大学	63.56	上海市	3	理工	8
20	中南大学	62.96	湖南省	1	理工	9
20	北京师范大学	62.96	北京市	4	师范	1
22	厦门大学	61.66	福建省	1	综合	11
23	天津大学	61.60	天津市	2	理工	10
24	大连理工大学	61.36	辽宁省	1	理工	11
25	华东师范大学	61.33	上海市	4	师范	2
26	北京航空航天大学	59.87	北京市	5	理工	12
27	华南理工大学	57.73	广东省	2	理工	13

4.2　研究方法

采用网络调查法对上述 27 所中国一流大学的图书馆网站进行详细统计，并把相关内容按照学科馆员制度、学科资源检索系统、学科服务平台和学科服务管理等进行分类整合；采用内容分析法对上述相关内容建立相应的评价体系；利用文献检索法及比较分析法，对搜集的文献资料进行概括和梳理，结合学科服务体系的基本要素，设置中国一流大学图书馆学科服务体系的评价指标及其权重。

为此，我们首先构建了一流大学图书馆的学科服务体系，然后设置一流大学图书馆学科服务体系的各级评价指标及其权重。

1. 一流大学图书馆学科服务体系的构建

学科服务体系应当包括学科服务的基本要素：学科馆员、学科服务资源、学科服务平台、学科服务模式、学科服务管理、学科服务用户等，我们将这些要素按其构成、性质、功能等分成四个层面，分别是学科服务主体层、学科服务客体层、学科服务资源层、学科服务管理层，见图4－1所示。学科服务体系涵盖了开展学科服务的基本条件和基本要素，其中一些层面的构成要素因图书馆的规模大小和图书馆类型不同而会有所增减，但是不论构成这个层面的要素多少，其功能和作用是不变的。

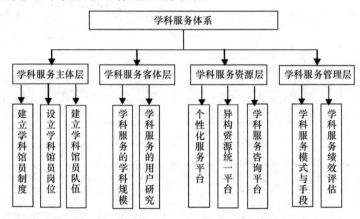

图4－1　一流大学图书馆学科服务体系构建图

2. 一流大学图书馆学科服务体系评价指标及其权重

在对中国一流大学图书馆学科服务情况进行调查和实地走访基础上，结合学科服务体系的诸多构成要素及其在学科服务中所发挥的作用等，制定了面向我国一流大学图书馆的学科服务体系评价指标（见表4－2）。一级指标和二级指标的权重均采用专家调查法确定，选择图书馆学、情报学以及各学科的专家若干对一级指标和二级指标的权重打分，分值从0.05～1.00，按重要程度依次递增，每位专家根据自己的经验判断各个要素的重要程度，确定其权重分值；然后根据结果，利用数理统计得出相应指标权重的分值。具体结果详见表4-2。

表4-2　一流大学图书馆学科服务体系评价指标及其权重

一级指标及权重		二级指标及权重		三级指标及权重	
主体层	0.3	学科馆员制度	0.2	学科馆员数量	0.1
				学科馆员联系方式	0.1
		学科馆员岗位	0.1	学科馆员学科分配	0.05
				学科服务时间	0.05
客体层	0.2	学科覆盖	0.1	服务的学科数量	0.05
				服务的骨干学科数量	0.05
		用户研究	0.1	建立用户档案	0.05
				定期联系用户	0.05
资源层	0.3	学科服务平台	0.2	学科导航	0.1
				学科咨询服务	0.1
		异构资源统一检索	0.1	异构资源一站检索	0.1
管理层	0.2	学科服务方式与手段	0.1	学科服务模式	0.05
				学科服务方法	0.05
		学科服务绩效评估	0.1	学科馆员素质	0.05
				学科服务效果	0.05

4.3　一流大学图书馆学科服务体系现状调研

采用网络调研和文献检索等方法，对我国一流大学的图书馆网站的学科服务体系的各个要素进行统计，对结果进行梳理和分类，并列表4-3和表4-4。

表4-3　一流大学图书馆学科服务体系现状调研（1）

调研内容 学校	学科馆员数量	学科馆员制度	学科馆员联系方式	学科馆员岗位设置	学科服务时间	服务学科数	包含骨干学科	用户档案	用户联系
北京大学	15	√		√	√	14	10	×	×
清华大学	31	√	√	√	√	45	15	√	√

学校＼调研内容	学科馆员数量	学科馆员制度	学科馆员联系方式	学科馆员岗位设置	学科服务时间	服务学科数	包含骨干学科	用户档案	用户联系
浙江大学	7	√	√	√	√	18	10	×	×
上海交通大学	36	√	√	√	√	20	16	×	×
武汉大学	33	√	√	√	√	36	23	×	×
南京大学	×	×	×	×	×	×	×	×	×
复旦大学	4	√	√	√	√	4	4	×	×
吉林大学	11	√	√	√	√	4	4	×	×
华中科技大学	31	√	√	√	√	14	14	×	×
四川大学	4	√	√	√	√	6	6	×	×
中山大学	×	×	×	×	×	×	×	×	×
山东大学	28	√	√	√	√	6	6	×	×
西安交通大学	8	√	√	√	√	8	8	×	×
哈尔滨工业大学	10	√	√	√	√	10	6	×	×
南开大学	23	√	√	√	√	15	15	×	×
东南大学	19	√	√	√	√	16	16	×	×
中国科技大学	×	√	×	√	×	×	×	×	×
中国人民大学	40	√	√	√	√	23	23	×	×
同济大学	9	√	√	√	√	37	30	×	×
中南大学	×	×	×	×	×	×	×	×	×
北京师范大学	4	√	√	√	√	3	3	×	×
厦门大学	12	√	√	√	√	33	19	×	×
天津大学	11	√	√	√	√	20	17	×	×
大连理工大学	1	√	√	√	√	5	5	×	×
华东师范大学	×	×	×	×	×	×	×	×	×
北京航空航天大学	×	×	×	×	×	×	×	×	×
华南理工大学	×	×	×	×	×	×	×	×	×

注："×"表示在图书馆网站未获取信息，"√"表示有。表3亦同。

调研时间见本章参考文献。

表 4 – 4　一流大学图书馆学科服务体系现状调研 (2)

调研内容 学校	学科服务平台	一站检索 平台	学科咨询平台 (个性化服务、博客)	学科服务 评估	学科馆员 考核
北京大学	LibGuides	√	√	×	×
清华大学	LibGuides	√	√	×	×
浙江大学	LibGuides	√	√	×	×
上海交通大学	LibGuides	√	√	×	×
武汉大学	LibGuides	√	√	×	×
南京大学	Subject + 学科平台	√	×	×	×
复旦大学	LibGuides	√	×	×	×
吉林大学	LibGuides	√	×	×	×
华中科技大学	LibGuides	√	×	×	×
四川大学	LibGuides	√	×	×	×
中山大学	LibGuides	√	×	×	×
山东大学	LibGuides	√	×	×	×
西安交通大学	LibGuides	√	×	×	×
哈尔滨工业大学	LibGuides	√	√	×	×
南开大学	LibGuides	√	√	×	×
东南大学	LibGuides	√	×	×	×
中国科技大学	×	√	√	×	×
中国人民大学	LibGuides	√	×	×	×
同济大学	自建学科平台	√	√	×	×
中南大学	×	√	√	×	×
北京师范大学	LibGuides	√	√	×	×
厦门大学	LibGuides	√	×	×	×
天津大学	LibGuides	√	×	×	×
大连理工大学	LibGuides	√	×	×	×
华东师范大学	×	√	×	×	×
北京航空航天大学	LibGuides	√	×	×	×
华南理工大学	LibGuides	√	×	×	×

注：调研时间见本章参考文献。

4.4　一流大学图书馆学科服务体系现状比较

根据表 4 - 3 和表 4 - 4 的调查结果，按照表 4 - 2 的各项指标及其权重标准，我们对一流大学图书馆学科服务体系进行了计算和统计，结果见表 4 - 5 所示。我们从比较结果可以看出，一些大学图书馆整体实力较强，但因各种主客观原因，在学科服务体系的建设中投入不够，因此其学科服务体系的综合评价结果并没有像学校排名那样具有明显优势。

表 4 - 5　一流大学图书馆学科服务体系评价结果

序号	学校	分数	序号	学校	分数
1	清华大学	100	15	哈尔滨工业大学	78
2	上海交通大学	95.3	16	复旦大学	77
3	北京大学	94		西安交通大学	
	武汉大学		77	四川大学	76
5	同济大学	93		大连理工大学	
6	中国人民大学	90		天津大学	
7	华中科技大学	88	18	中山大学	75
8	浙江大学	87		中国科技大学	
9	山东大学	86		中南大学	
10	南开大学	84		北京师范大学	
11	南京大学	83		华东师范大学	
12	厦门大学	82		北京航空航天大学	
13	吉林大学	80		华南理工大学	
	东南大学				

4.5　一流大学图书馆学科服务体系比较分析

根据上述结果，我们从学科服务体系的四个层面分析如下：

1. 学科服务体系主体层问题：学科馆员制度需要建立和完善

我们从学科馆员数量、学科馆员制度、学科馆员联系方式、学科馆员岗位设置等几个方面分析比较了一流大学图书馆学科服务体系主体层的现状和存在的问题。调查发现，27 所大学图书馆中有 20 所图书馆专门设立了学科馆员岗位，其余 7 所大学图书馆（南京大学、中山大学、中国科技大学、中南大学、华东师范大学、北京航空航天大学、华南理工大学）网站没有显示学科馆员的信息。尽管有的图书馆设立学科馆员岗位，但并没有明确实行学科馆员制度；而实行学科馆员制度的图书馆，也存在制度不健全、学科馆员考核没有量化指标等问题，从而影响学科服务的效果。通过文献检索和电话咨询我们了解到，没有设立学科馆员的图书馆，其实也在开展学科服务，只不过是和信息咨询服务融合在一起的。例如南京大学图书馆的智慧图书馆服务中不仅有 Book + 个性化服务、Find + 知识发现服务、Mobi + 移动图书馆服务、Pad + 读者互动服务终端，还有 Subject + 学科知识发现服务（即学科服务），该项服务针对南京大学的学科特色，建立了 Subject + 学科知识服务平台，取得较好效果。

2. 学科服务体系客体层问题：每个图书馆都需要建立有效的用户研究机制

学科服务体系客体层主要是指服务的学科情况和服务的用户情况，体现在学科服务时间、服务的学科数、其中包含的骨干学科数、用户建档情况、用户联系情况等几个方面。在服务学科数量方面，除了无法获得数据的大学图书馆外，其余的图书馆学科服务均涵盖了本校的骨干学科或重点学科。在调查中我们发现，尽管各个大学图书馆开展学科服务的起始时间不同，但是有一个共同点，即都是将本校的重点学科作为学科服务的切入点，在此基础上总结经验，扩大至其他各个学科。在学科服务时间上，每个图书馆都有明确的规定并发布于网站上，方便了用户选择。在服务用户研究方面，除了清华大学图书馆有严格的用户建档及用户研究机制外，其余的各个大学图书馆均没有建立规范的用户研究机制，也没有专门为服务用户建档。调查中发现，清华大学图书馆的用户研究机制对学科服务产生了积极作用，他们分别在全校各个学院设立了图书馆教师顾问和学生顾问，这些顾问是图书馆和用户的桥梁，把图书馆和其他各个学院的用户直接联系起来，这也为清华图书馆学科服务的可持续发展提供了保障。

3. 学科服务体系的资源层：资源层建设较为完善

学科服务体系的资源层体现在图书馆资源的一站式检索平台建设、学科服务平台建设以及学科咨询平台（个性化服务平台、学科博客）等方面。从结果我们可以看到，在一站检索平台方面，27 所大学图书馆都建有一站式资源检索平台，不论是馆藏资源还是网络数据库，都能通过一站式检索平台一索即得；在学科服务平台方面，有 22 所大学图书馆采用了美国 SpringShare 公司开发的 LibGuides 学科服务平台，2 所图书馆（南京大学图书馆和同济大学图书馆）是自建的学科服务平台；在学科咨询平台方面，13 所大学图书馆开设了学科馆员博客，其中北京大学图书馆的学科博客是国内建立的第一个官方形式的学科馆员博客，涵盖了 13 个研究领域。

4. 学科服务体系的管理层：需要建立规范的管理制度和有效的绩效考核

学科服务体系的管理层体现在学科服务模式与服务手段、学科馆员绩效考核和学科服务绩效评价等方面。在调查中发现，在学科服务评估和学科馆员考核方面是目前各个高校图书馆的一个薄弱环节，有的图书馆的学科馆员制度过于注重学科馆员的学历背景，而忽视了实际能力和绩效考核，因此使得现有的学科馆员队伍中集中了一些高学历、低技能、有理论基础无实践经验的人员。在学科服务绩效的评价方面，由于没有具体的各个量化考核指标，因此绩效评价流于形式，要获得真实客观的评价结果较为困难。

4.6　建　议

1. 明确学科馆员制度，构建学科服务体系

学科馆员制度是开展学科服务的保障，学科服务体系是提高学科服务质量的基础。大学图书馆仅仅依靠传统的服务是无法在学校的学科建设和发展中真正发挥作用，必须要开展学科服务。自 1998 年清华大学图书馆率先建立学科馆员制度开展学科服务以来，学科服务已经在各个图书馆相继开展，并经历了以用户联络为主要特征的第一阶段和以融入一线、嵌入过程为主要特征的第二阶段的发展，然而学科服务效果和影响力与预期的目标相距甚远，普遍存在服务面窄、影响不大的问题，学科服务正在经历一个发展瓶颈。要突破这个瓶颈，必须要构建学科服务体系，从队伍建设到绩效考核，有一整套完整的学科服务体系构建方案，用以指导学科服务工作的开展。

其实，我国高校图书馆都在根据学校学科建设需要开展形式各异的学科服务或知识服务，并积累了一定的经验，此时构建学科服务体系的内外环境均已形成，学科服务体系的落实水到渠成。

2. 以 LibGuides 为突破，为学校的学科建设打造特色资源平台

LibGuides 是美国 SpringShare 公司在 2007 年推出的基于云计算的学科服务平台，目前我国有 478 个高校图书馆引进了该平台，在一流大学图书馆中也有 22 所采用了这个平台。从使用效果看，国内图书馆利用 LibGuides 平台开展的学科服务主要集中在学科资源优化集成和检索、学科信息导航、图书馆服务公告、咨询与沟通、信息素养教育等几个方面，缺少对专业课程学习或者学科课题和科研课题需求的关注，而这些内容正是师生所关注的重要内容。尽管 Subject Guides（学科指南）是 LibGuides 进行在线学科服务的主要方式，但是图书馆应突破 Subject Guides 建设的传统思路，开阔视界，根据不同读者的需求，建立具有较强针对性的服务指南，深化学科服务。尤其多建专业课程和科研课题方面的各种指南，为师生的教学科研提供支持服务，在这方面国外的成功案例也为我们提供了宝贵经验。

3. 围绕学校的学科特色开展创新型学科服务

现代社会科技发展日新月异，新技术层出不穷，海量信息毫秒更新。但不论在什么样的信息环境下，学科始终是高校的基础和基本构成单元，学科建设与发展水平则是高校的生命力和核心竞争力。每个高校都有自己的重点学科和骨干学科，学校的学科建设和发展决定了高校图书馆的服务内容和服务模式，图书馆应围绕学校的这些支柱学科和学校的办学特色开展创新型学科服务，在学科服务模式和方法上没有固定的模式和规矩，应该与学校的整体水平相匹配。在这方面，国内大学图书馆已经取得了可喜成绩。例如，同济大学图书馆的"双伙伴"计划的探索与实践就为特色学科服务提供了可借鉴的宝贵经验。"双伙伴"就是"Knowledge Partners"（知识伙伴）和"Research Partners"（科研伙伴），其特点概括为两种服务模式（面向师生的普通推广型服务和针对重点学科科研团队的个性化知识服务）、三级服务梯队（学科馆员－咨询馆员－辅助人员）、四大服务内容（院系联络、学科资源建设、知识信息服务、信息素养教育）。高校图书馆应从中得到启发，根据本校的实际开展切实可行的学科服务。

从我国一流大学图书馆学科服务体系的现状调查我们可以看到，图书馆开展学科服务已经取得成绩，为构建学科服务体系奠定了基础。要使图书馆

在学校的学科建设和发展中发挥应有的作用，应该构建学科服务体系，并根据学校现状开展有特色的学科服务。

参考文献

[1]　王明，栗志超，吴先敏．"985"高校图书馆网站学科服务栏目调查研究［J］．图书馆学研究，2014（2）：92 – 97.

[2]　冯波．高校图书馆学科型服务体系构建的研究［D］．天津：天津大学，2011.

[3]　邬宁芬，陈欣．高校图书馆学科服务之"双伙伴"计划的探索与实践［J］．图书情报工作，2011，55（5）：93 – 96，113.

[4]　王明，栗志超，吴先敏．"985"高校图书馆网站学科服务栏目调查研究［J］．图书馆学研究，2014（2）：92 – 97.

[5]　［2015/1/11］．http：//libguides. com/community. php？ m = i&ref = libguides. com

[6]　［2015/1/10］．http：//lib. pku. edu. cn/portal/fw/xkfw/xuekeguanyuan

[7]　［2015/2/1］．http：//lib. tsinghua. edu. cn/service/sub_ librarian. html

[8]　［2015/2/11］．http：//libweb. zju. edu. cn/libweb/redir. php？ catalog_ id = 42448

[9]　［2015/2/11］．http：//www. lib. hit. edu. cn/subplat/xue – ke – fu – wu – ping – tai – 0

[10]　［2015/2/21］．http：//lib. ccnu. edu. cn/service. html？ id = 62

[11]　［2015/2/27］．http：//lib. jlu. edu. cn/portal/service/xuekefuwu. aspx

[12]　［2015/2/27］．http：//www. lib. whu. edu. cn/web/index. asp？ obj_ id = 503

[13]　［2015/2/27］．http：//lib. nju. edu. cn/html/article. htm？ id = 88&fid = 49

[14]　［2015/2/27］．http：//www. library. fudan. edu. cn/main/list/208 – 1 – 20. htm

[15]　［2015/2/27］．http：//scu. cn libguides. com/

[16]　［2015/2/27］．http：//www. lib. xjtu. edu. cn/custom. do？ id = 226

[17]　［2015/2/27］．http：//www. lib. ruc. edu. cn/webs/show/notice/53/8. html

[18]　［2015/2/27］．http：//www. lib. tongji. edu. cn/oldweb/infoservices/xk/xk – index. aspx

[19]　［2015/2/27］．http：//dlut. cn. libguides. com/environ

[20]　［2015/2/27］．http：//library. xmu. edu. cn/portal/xkgy. asp

[21]　［2015/2/27］．http：//www. lib. sjtu. edu. cn/index. php？ m = content&c = index&a = lists&catid = 51

[22]　［2015/2/27］．http：//www. lib. nankai. edu. cn/

[23]　［2015/2/27］．http：//www. lib. tju. edu. cn/n17397/n17511/n17980/19994. html

[24]　［2015/2/27］．http：//www. lib. seu. edu. cn/html/list. htm？ parent_ id = 5&this_ id = 96&id = 825

[25]　［2015/2/27］．http：//www. lib. scut. edu. cn/index. jsp

[26]　［2015/2/27］．http：//library. sysu. edu. cn/

[27]　［2015/2/27］．http：//www. lib. bnu. edu. cn/bzxt/ckzx_ xkgy3. htm

［28］   ［2015/2/27］．http：//buaalib. com/

［29］   ［2015/2/27］．http：//lib. ustc. edu. cn/

［30］   ［2015/2/27］．http：//www. lib. ecnu. edu. cn/

［31］   ［2015/2/27］．http：//lib. csu. edu. cn/pubnew/zndxtsgnew/

［32］   ［2015/1/17］．http：//www. cuaa. net/cur/2015/02

第 5 章 中国大学图书馆
学科服务现状调研

我们把中国高校按照人们熟悉的中国行政区域进行了区域划分，即华北地区高校、中南地区高校、华东地区高校、东北地区高校、西北地区高校、西南地区高校。少数民族和边远地区的高校图书馆因为其开展学科服务的情况难以收集到相关数据，所以不做比较研究对象。在上述几大区域各选取了几个高校，详细情况如下：

华北地区 3 所：清华大学、北京大学、河北科技大学

中南地区 3 所：武汉大学、华中师范大学、郑州大学

华东地区 4 所：上海交通大学、南京理工大学、浙江大学、山东大学

东北地区 2 所：吉林大学、哈尔滨工业大学

西北地区 3 所：西安交通大学、西北工业大学、宁夏大学

西南地区 2 所：西南交通大学、西南科技大学

做出这样选择的原因：一是由于时间和精力的限制，我们不可能对所有高校图书馆进行调研和对比分析；二是确保调研对象是开展学科服务并有自己独特的学科服务模式的，并能通过网络技术手段收集到较为准确和详实的数据进行研究。我们不能用统一的标准去衡量国家一流大学（或重点扶持大学）的图书馆和地方高校图书馆，他们在各个方面相差很大，但是我们可以针对图书馆学科服务这一要素进行比较研究。

表 5 - 1　我国 17 所大学图书馆及其网站

学校名称	学校图书馆网址
清华大学	http：//lib. tsinghua. edu. cn/dra/
北京大学	http：//lib. pku. edu. cn/portal/
河北科技大学	http：//lib. hebust. edu. cn/
武汉大学	http：//www. lib. whu. edu. cn/web/default. asp
华中师范大学	http：//lib. ccnu. edu. cn/

续表

学校名称	学校图书馆网址
郑州大学	http://lib.zzu.edu.cn/
上海交通大学	http://www.lib.sjtu.edu.cn/
南京理工大学	http://lib.njust.edu.cn/
浙江大学	http://libweb.zju.edu.cn/libweb/
山东大学	http://www.lib.sdu.edu.cn/portal/tpl/home/index
吉林大学	http://lib.jlu.edu.cn/portal/index.aspx
哈尔滨工业大学	http://www.lib.hit.edu.cn/
西安交通大学	http://www.lib.xjtu.edu.cn/
西北工业大学	http://tushuguan.nwpu.edu.cn/
宁夏大学	http://www.lib.nxu.edu.cn/
西南交通大学	http://www.lib.swjtu.edu.cn/
西南科技大学	http://www.lib.swust.edu.cn/

下面的内容是上述各个学校图书馆学科服务现状的概述。

5.1　清华大学图书馆学科服务概述

清华大学图书馆被公认为是国内第一个实行学科馆员制度的大学图书馆。1998 年起，清华大学图书馆率先在国内实行了学科馆员制度[1]，并制定了严格的学科馆员工作职责，同时清华大学的学科馆员队伍建设和学科服务受到同行关注，并一直引领着国内学科服务的发展方向。

1. 清华大学图书馆学科服务特点

（1）准确定位

清华大学图书馆从学科馆员制度建立伊始就意识到"学科馆员不应替代研究人员查阅文献，也不可能替代研究人员对文献进行判断与取舍，而应立足于教会他们查阅文献和阅读分析的技巧。"[2] 为了达到这个目的，清华大学

---

[1]　http://lib.tsinghua.edu.cn/service/sub_librarian.html

[2]　邵敏. 清华大学图书馆学科服务架构与学科馆员队伍建设 [J]. 图书情报工作，2008，52（2）：11 - 13

图书馆从学科和文献资源的角度在各院系聘请图书馆教师顾问和学生顾问，聘期 2 年。教师顾问的职责：参与资源建设；为图书馆的发展提供建议与反馈；指导学科服务；并为图书馆科技查新工作提供指导。学生顾问的职责包括：为图书馆发展献计献策并及时反馈同学们对图书馆的意见和建议；协助宣传图书馆的资源和服务；帮助同学们了解图书馆；组织同学们参与图书馆举办的各种活动；协助图书馆开展学生读者层面的工作。

（2）科学的用户研究机制

清华大学用户研究机制一直走在全国高校的前列，我们在对中国一流大学图书馆学科服务现状调研时就对其用户研究机制进行了比较分析（见表 4 - 3）。在 27 所中国一流大学图书馆中，清华大学图书馆是唯一一个对服务用户分类建档并有专人进行用户联系的大学图书馆。在用户研究中，学科馆员发挥着重要作用。为了做到知己知彼，学科馆员深入的各个院系以及研究生的学术沙龙，对服务用户进行不同层次的培训，采用不同的形式提高师生信息素养，以便在学科服务中能和用户进行交流和互动，提高学科服务的效果。

（3）完善的学科服务体系

清华大学图书馆在学科服务中对资源与服务进行了科学的整合，构建了一套比较完整的学科服务体系，为学校师生在教学与科研的各个阶段科研支撑服务。正是因为这个完善的学科服务体系，使得清华大学图书馆的学科服务工作自 1998 年开展以来，逐渐在师生中收到良好的服务效果，为我国其他大学图书馆开展学科服务提供了宝贵的经验。

（4）学科服务分层次多元化

清华大学图书馆的学科服务方式多样形式各异，分层次的用户教育收到事半功倍的效果，针对学校重点学科建设的 LibGuides 平台为学校的科研教学提供了资源保障，结合网络环境下用户需求特点开通的学科博客在国内产生了深远影响。随后一些大学图书馆纷纷效仿，陆续上线本馆的学科博客，这在当时的网络环境下对图书馆的学科服务进一步开展进行了有益尝试。

2. 清华大学图书馆学科服务体系

清华大学图书馆是国内最早设立学科馆员制度并开展学科服务的大学图书馆，在学科服务体系的构建方面有成功的经验。其"完善的学科服务体系覆盖了全校师生教学与科研的全过程，无论是开题立项阶段、研究中期，还是成果验收报奖阶段，甚至在文章发表后，图书馆都能为师生提供有效帮助"。

从图 5 - 1 可以看出，读者在进行科学研究时，从项目立项到开题报告，从研究中期的学术论文的发表到项目结题时的成果鉴定，图书馆都可以深入其中，为读者提供科研所需的文献资源保障，在整个研究过程中学科馆员都可以找到用武之地。

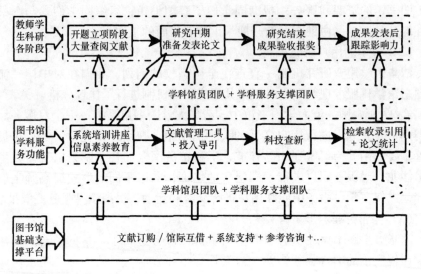

图 5 - 1　清华大学图书馆学科服务体系

3. 清华大学图书馆学科服务内容

清华大学图书馆自 1998 年实施学科馆员制度以来，其学科服务一直走在高校图书馆前列。

（1）学科服务平台提供资源导航服务——LibGuides

清华大学图书馆的学科服务平台引进了美国 SpringShare 公司开发的 Lib-Guides 平台，目前共建有 15 个导航，分别是人文与科技哲学学科导航、信息学科服务导航、心理学资源导航、地球系统科学资源导航、国学研究学科导航、国际关系专业学科导航、社会学信息资源导航、美术专业信息资源导航、物理与天文学科资源导航、航空航天及工程力学资源导航、材料学科信息导航、机械工程学院学科服务、新闻传播学科导航、日本研究学科导航、数学学科资源导航。这些导航涵盖了中文、历史、哲学、信息技术、通信工程、计算机、自动化、软件工程、微电子学科、纳电子学科、网络工程、电机专业、地球物理学科、国学、数学、物理、非线性科学、统计学、美术各学科、信息科学与工程、机械工程、航空航天及工程力学、材料科学与工程、新闻传播学等共 45 个相关专业①。清华大学图书馆的学科服务平台不仅仅是建立指南和导航，而且还利用 LibGuides 的完善功能和本馆特色资源结合，为读者提供便利服务。例如，"心理学资源导航"利用 LibGuides 的代码嵌入功能把清华大学图书馆的馆藏 OPAC 目录、主要电子书、电子期刊的查询框直接嵌入到学科指南中，方便了读者使用数字资源。

（2）多层次的用户教育

清华大学图书馆的用户教育分几个层次：面向新生和新入校教师的图书馆使用指南培训、面向本科生和研究生的选修课和必修课、面向一般读者的图书馆资源培训系列专题讲座。

面向新生和新入职教师的图书馆使用指南的培训已经形成了清华大学图书馆自己的特色，他们每年都编写、印制《清华大学图书馆读者手册》，并在每一位新生和新入校教师进校之际送到他们手中。同时在图书馆主页开始了"新生专栏"中英版，同学们通过该专栏下载《清华大学图书馆读者手册》、学习"利用图书馆初步"网络教程，观看图书馆宣传视频，学习图书馆馆藏资源查询、借阅方法及借阅规则，查看新生"常见问题"等②。

面向本科生和研究生的选修课和必修课都是清华大学图书馆开设的正式列入教学计划的课程，共有 7 门，研究生开设的 2 门：信息资源获取与专题应用、文献检索与论文写作；本科生开设的 5 门课：图书馆概论、文献检索与利用（化工类）、文献检索与利用（理工类）、文献检索与利用（社科类）、文献检索与工具书利用。其中的"文献检索与利用"课程是根据教育部相关文件的精神开设的一门信息教育基础课程，是培养学生良好信息素养，学习掌握利用检索工具从文献信息资源中获取知识的一门方法课，其基本任务是使学生了解文献检索的基础理论和基本知识，掌握各种检索工具与计算机检索系统利用的一般方法、技术，课程按学科分为化工、理工和社科三类；而面向低年级本科生开设"图书馆概论"课程，目的是帮助学生了解现代图书馆的运作规律、资源整理过程和利用方法、图书馆能提供哪些资源和服务，掌握获取网络信息资源的特点和技能，提高个人的信息素养。

面向一般读者的图书馆资源培训系列专题讲座于每学期的第二周开讲，

---

① http：//tsinghua. cn. libguides. com/index. php

② http：//lib. tsinghua. edu. cn/service/instruction. html ［2015/4/20］

持续 2—3 个月。讲座内容涉及各学科领域文献信息资源利用、清华大学图书馆的各种网络数据库的检索方法，常用软件使用等等。

由于坚持多层次分专业的用户教育，清华大学图书馆学科服务得以深入开展。

（3）科研支撑服务——投稿导引

著名物理、化学家法拉第指出："科学研究有三个阶段，首先是开拓，其次是完成，第三是发表"。所谓发表就是将科学研究成果以著作或论文的形式公布于众，这是科学研究的重要一步，因为一项科学研究无论取得多么重大的研究成果，在未发表之前，就不能说它是完整的。有创造性的研究成果必须发表，成果的发表是研究过程的精髓。

清华大学图书馆设立了 SCI 咨询中心，为师生的成果发表阶段提供帮助，其工作内容主要包括：指导教师、研究生进行 SCI 收录期刊论文及其引用的检索，按学科发布 SCI 收录期刊的影响因子等信息，对师生在 SCI 收录的期刊上发表文章提供咨询；为学校科学技术处提供当月 SCI 网络版收录国内著名高校论文的统计信息；发布 SCI、EI 收录国内外期刊的信息，发布国内中文核心期刊列表的信息等。

（4）学科博客线上服务

博客即 Blog，也是人们常说的网络日志，它以日记体裁的方式通过网络传达实时信息，和 BBS、ICQ、QQ 等共同构成了网络时代的交流平台，受到广大读者尤其是年轻大学生的青睐。清华大学图书馆在 2007 年就建立了学科博客。当时图书馆根据博客特点和受众人群的具体情况，先从新闻和传播学院入手，因为这两个学院的读者群因为专业学科的原因对博客较为关注，如果先建立这些学科博客，能收到事半功倍的效果，积累一定经验后可以再在其他学科推广。

（5）科技查新

清华大学图书馆科技查新工作站在上世纪 90 年代初期就获得了教育部（当时的国家教委）的资质，后来教育部于 2003 年对高校科技查新工作站又进行了重新认定，清华大学图书馆通过教育部认定并获得理工类查新工作站的资质。

清华大学图书馆的查新工作站主要面向本校及北京市内周边单位，受理电力、电子、计算机、自动化、化学、化工、材料、环境、能源、机械、生物、土木、水利等理工各类科研项目的查新。十多年来，清华大学图书馆查新工作站为本校及校外单位已完成查新课题近五千项，自行设计并与同方公司合作开发清华大学科技查新管理系统。在师生的科技立项、成果鉴定与报奖、研究生论文开题、文献调研等工作中,清华大学图书馆查新站发挥着重要作用。

(6) 论文代检代查服务

清华大学图书馆还依托丰富数据库资源,提供多种形式的信息检索服务。

文献收录及被引用检索服务:通过作者的姓名、单位,文献的题名、出版年,论文发表所在期刊的名称、卷、期、页码,会议名称、时间、地点等途径,查找文献被 SCI、EI、CPCI、CSCD 等数据库的收录及被引用情况,并依据检索结果出具检索证明。

文献检索服务:针对某研究课题,以描述课题的主题词、关键词为检索入口,提供从开题立项、研究中期,到成果验收全程的文献检索服务。

5.2　北京大学图书馆学科服务概述

1. 北京大学图书馆学科服务特点

北京大学图书馆学科服务始于 2001 年,有 21 个分馆开展了学科服务。在新媒体环境下北京大学于 2010 年开始重新构建原有的学科服务体系,本着"在继承中创新,在变革中发展"的原则,对原有学科服务进行改革,使得北京大学图书馆的学科服务形成了自己的特色①。

(1) 保障基础、支撑重点

北京大学图书馆自开展学科服务以来,以"保障基础、支撑重点"②的思路指导学科服务,实行重点项目重点服务,在对重点项目的服务过程中锻炼学科馆员们的服务能力,提高学科服务水平,扩大图书馆在学校学科建设中的影响。然后以重点项目的服务带动和这些项目有交叉的学科的科研支撑服务,从而使图书馆的学科服务在更大范围开展。

(2) 分层次分学科

北京大学图书馆根据不同读者提供不同的学科服务,例如,针对初级读者的入馆指南类的服务,帮助他们快速学会使用图书馆及图书馆的各种资源;

---

① http://www.lib.pku.edu.cn/portal/fw/xkfw/xuekeguanyuan

② 刘素清,艾春艳,肖珑. 学科服务的多维拓展与深化 [J]. 大学图书馆学报,2012 (5):18 –22.

针对一般读者的一小时专题讲座，可以帮助他们解决在利用图书馆资源中遇到的问题；针对研究型读者的科研支撑服务可以为这些读者在科研过程中提供文献保障。在开展学科服务时，不同的学科的读者群还有不同的学科侧重点，使得学科服务的目标更加明确。

2. 北京大学图书馆学科服务内容

北京大学图书馆的学科服务归纳起来有以下几种

（1）用户教育

北京大学图书馆的用户教育分了几个层次，一个是初级用户的入馆指南，一个是一般用户的一小时专题讲座，还有一个面向研究人员的研究咨询服务。

（2）科技查新

北京大学图书馆查新工作站是教育部科技成果查新及项目咨询中心工作站之一，查新工作起始于 1994 年，目前已完成包括国家 "863 高科技项目" 在内的科技查新达数千项。查新工作站有计算机、化学、物理、环境、数学等专业毕业的专职查新人员。

（3）论文查收查引

可以依据委托人提供的文献篇名、作者姓名、作者单位、期刊名称、卷期页码（或会议名称、会议时间、会议地点）、发表时间等信息，查询文献被 Web of Science（SCI、SSCI、A&HCI）、EI、CPCI - S、CPCI - SSH、CSCD、CSSCI 数据库收录和引用的情况，方便用户对自己的论文有全面的了解。

（4）课题咨询

针对委托人的研究课题，从关键词、主题词等途径检索出符合委托人要求的国内外各种相关文献，为委托人的课题研究提供文献保障。

（5）资源整合

北京大学机构知识库作为支撑北京大学学术研究的基础设施，收集并保存北京大学教师和科研人员的学术与智力成果；为北京大学教师，科研人员和学生的学术研究和学术交流提供系列服务，包括存档、管理、发布、检索和开放共享。

（6）学科博客线上服务

为了促进学科馆员和院系师生交流，更好地为大家提供服务，北京大学图书馆开辟了学科博客，旨在推介图书馆的各类服务；推荐各个专业购买的最新资源；梳理与专业相关的各种资源，直击学科学术前沿。目前开通的学科博客有 13 个，涉及数学、物理学、化学、环境科学、心理学、法学、新闻与传播、政府管理、经济与管理、哲学、外国语、中文等学科领域。

5.3　河北科技大学图书馆学科服务概述

1. 河北科技大学图书馆学科服务特点

（1）把重点学科作为切入点，围绕学校学科建设开展服务

每个学校都有自己的重点学科和骨干学科，也有自己的特色专业和优势研究领域，河北科技大学也不例外。随着学校办学规模的不断扩大，其优势学科在地方经济建设发挥的作用越来越重要。图书馆在这些优势学科领域已经积累了丰富的学科服务经验，为此图书馆把学校的重点学科和优势学科作为开展学科服务的切入点，并针对这些优势学科的特点建立了专门的数据库，方便师生的教学与科研。

（2）用户教育的多元化

河北科技大学图书馆的用户群体包含了本科生、研究生及教学科研人员，他们对图书馆的认知程度和需求也不相同。为此图书馆坚持用户教育的多元化，从初级用户的图书馆入门，到一般用户的图书馆资源利用，再到更高一级的为科研人员提供课题支撑服务。这种用户教育分层次的开展保证了图书馆用户群对图书馆的不同需求。

（3）嵌入科研的学科服务

对于学校的重点学科，图书馆采取了嵌入式的学科服务，对这些学科的科研项目跟进并提供课题咨询和该研究领域的文献学分析报告。在对这些学科的网络资源和数字资源长期跟踪和搜集的基础上，建立了学科资源数据库，包括这些学科的专利、论文、课题、产品等相关信息，方便科研人员使用。

2. 河北科技大学图书馆学科服务内容

河北科技大学的学科服务集中在四个方面：用户的信息素质教育、科研支撑服务、学术评价服务和数字资源的分析整合。用户信息素质教育包括新生的入馆教育、一般大学生的信息检索课教学、研究生的科技情报分析教学、一般用户的数字资源专题讲座；科研支撑服务包括学术论文的查重检测、SCI投稿指南、河北科技大学论文审核认定；学术评价服务包括河北科技大学 SCI收录论文分析报告；数字资源的分析整合主要是跟踪网络资源，整合馆藏资源，结合学校专业特色建立专业数据库。

在信息素质教育方面河北科技大学图书馆提供以下服务。

（1）面向新生的入馆教育

每年新生入学时图书馆在各个学院开展面向新生的入馆教育，内容包括图书馆的馆藏、图书馆的使用、图书馆规章制度等。对于这些新生来说大部分人在中学阶段没有接触过图书馆，面对书架上琳琅满目的图书他们感到无以应对，这些实用的内容就像是及时雨，对于刚刚步入大学校园的新生来说非常有帮助。

（2）面向本科生的信息检索课

河北科技大学为本科生开设信息检索课的历史要追溯到 1990 年。当时根据国家教委（现在的教育部）的文件要求，结合学校的学科设置，把该门课程取名为"科技文献检索与利用课"，有些专业是必修课，有些则是选修课。不论课程性质如何，所有本科生在校期间都受到了文献检索技能的教育和培训。

信息技术的发展和网络环境的成熟，各种数据库相继出现，人们利用信息的方式发生了天翻地覆的变化，数字图书馆的出现和移动学习的普及使人们阅读方式也发生了巨变，所有这些都给科技文献检索与利用课提供了发展的空间和提高的新平台。

三十多年来，河北科技大学的信息检索课的教学工作经历了三个阶段的发展历程。

第一阶段：1990 年～1996 年。逐渐在各个系开设科技文献检索与利用课，没有条件开课的就以专题讲座的形式为学生讲授各种科技文献的获取方法，为学生们在科研活动中利用文献提供帮助。这个阶段主要以手工检索为主，采用课堂教学与手工实习相结合的教学方式。授课教师大多是图书馆老师，常常是轮岗制的授课。有时候也由系里其他教师授课。

第二阶段：1997 年～2004 年。信息技术的迅猛发展和网络环境的日益成熟给科技文献检索与利用课带来了新的生机和活力。信息不仅成了人们使用频率最多的词汇之一，也是人们在日常社会生活、工作、学习和研究中随时随地能感受和使用的东西。于是科技文献检索与利用课与时俱进，逐渐发展成为信息检索课。此时授课教师也精挑细选并固定下来，还专门成立了信息检索教研室。该教研室立足于学校学生的实际学习能力和图书馆的馆藏资源，采用课堂教学和上机实习相结合的教学方法，循序渐进地引导同学们正确使用各种数据库和网络资源，起到了网络导航员的重要作用。

第三阶段：2005 年至今。近些年，信息技术和信息载体的变化令人目不暇接，新媒体的出现使得人们获取信息的方式发生了天翻地覆的变化。此时各种文献的数字化工作基本完成，一些著名的印刷版检索工具已经停止出版，同时反映新技术、新理念的新网站、新工具层出不穷，一些大型数据库迅速普及，所有这些都给信息检索课提出了挑战。这个阶段主要是多媒体教学和大型数据库的上机实习相结合，同时引入案例教学、启发式教学等新的教学方法，逐步开发在线作业系统、在线机考系统，并向网上答疑过渡。

（3）面向研究生的科技情报分析与利用课

图书馆为研究生开设了科技情报分析与利用课，引导研究生们学会从各种途径获取科技情报，并通过分析研究从中提炼出有价值的情报和解决问题的智能及策略，最后解决问题，同时还能进一步提高研究生的情报素质及研究创新能力，实现知识创业。该课程以情报分析为主要授课内容，目的是让学生学会对检索到的信息进行整序、筛选、分析和利用，为自己研究生阶段的专业研究和今后的继续深造奠定情报学基础。学生的结课形式是撰写本学科的文献学分析报告，这样他们不仅掌握了科技情报分析的基本方法，而且对本学科的学术期刊概况、研究动态和进展、学术带头人、高被引论文等都有了一定了解，具备了从事本专业研究的科学素质。

（4）面向一般用户的数字资源专题讲座

和其他高校图书馆一样，河北科技大学图书馆每年定期举办各种数字资源的使用培训及中外文数据库的专题讲座，帮助读者掌握这些数据库的使用方法和技巧，同时提高图书馆数字资源的利用率。

在科研支撑方面河北科技大学图书馆提供以下服务。

（5）学术论文查重检测

对学生的论文进行学术不端的检测是近些年很多高校要求的。河北科技大学图书馆立足于本馆丰富的馆藏资源和学科馆员多年的检索经验，面向全校本科生和研究生开展了学术论文的查重检测服务。同时在教师论文投稿时对所投稿件先行查重检测，让教师根据检测报告有针对性地修改，提高稿件的录用率。同时在学术论文的写作上给予教师文献学方面的指导和帮助。

（6）SCI 投稿指南

为广大师生提供向 SCI 投稿的帮助和指导，包括如何提高论文被 SCI 收录的几率，SCI 来源期刊的刊源分析等。

（7）论文的审核认定

现在我国各个高校每年对教师都进行教学和科研等方面的考核，其中科研考核中学术论文是一项重要指标。因为任何科学实验无论取得多么重大的研究成果，在未发表之前都是不完整的，有创造性的研究成果必须发表，而成果的发表是研究过程的精髓。所以发表学术论文是考核教师科研能力的一个重要方面。由于现在科技期刊品种繁多，加之网络期刊的盛行，使得一些教师发表论文时常常遇到困惑，在非正规刊物上发表论文的情况时有发生。因此图书馆借助于学科馆员对数据库的精通和超强的检索能力等优势，承担了学校的论文的审核认定，在考核、职称评审、学生奖学金评定等方面提供了科学支撑。

（8）SCI 收录论文分析报告

图书馆借助于 SCI 数据库的数据，每年对本校和河北省重点骨干学校进行 SCI 收录论文的分析和评价，从而便于决策者掌握学校各个学科 SCI 论文收录情况。

（9）特色学科资源数据库

建设具有特色的馆藏资源是学科服务的重要内容。针对地方经济建设的实际情况，河北科技大学图书馆利用本馆特色馆藏，发挥学科馆员熟悉资源整合的优势，对馆藏特色资源和网络资源进行整合，并根据用户需求设计开发了药物研发知识库①。

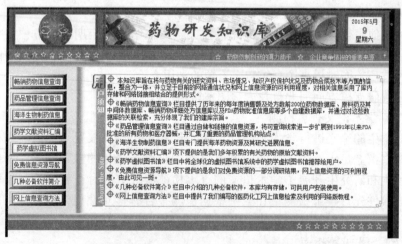

图 5 - 2　河北科技大学图书馆自建药物研发知识库

---

① http：//lib. hebust. edu. cn/ywyfzsk/home. htm

本知识库旨在将与药物有关的研究资料、市场情况、知识产权保护状况及药物合成技术等方面的信息，整合为一体，并立足于目前的网络通信状况和网上信息资源的可利用程度，对相关信息采用了库内存储和网络链接相结合的提供形式。该知识库包含：畅销药物信息查询、药品管理信息查询、海洋生物制药信息、药学文献资料汇编、药学虚拟图书馆、免费信息资源导航等各种数据库。

5.4　武汉大学图书馆学科服务概述

1. 武汉大学图书馆学科馆员基本构架

武汉大学图书馆根据学校的学部和院系的划分，设置的学科馆员岗位工作范围要求基本覆盖全校的现有学科。学科馆员虽然有统一建制，但是工作地点却不集中在一个部门，而是分散在四个校区的四个分馆和四个直属院系的资料室。武汉大学图书馆学科馆员的建制原则为"岗位集中、业务集中、考核集中；分散地点、分散管理、分散服务"。学科馆员的行政隶属部门基本均属于对外服务部门，内部业务部门（如采访部）一般不设学科馆员岗位。这样做的目的就是要求学科馆员的日常工作直接面向读者服务。

2. 武汉大学图书馆学科馆员管理机制

武汉大学图书馆学科馆员的管理采用双重领导管理体制，即业务由横向工作组跨部门管理，人员由所在部门实行行政管理；学科馆员工作由主管文献资源建设和信息咨询服务的副馆长直接负责。主管馆长通过学科馆员工作组管理学科馆员的业务工作，主管馆长任工作组组长。工作组每年向馆务会汇报工作，并接受馆务会的监督、审核与质询。

武汉大学图书馆学科馆员工作组成员来自几个部门：文献采购部门的负责人、信息服务中心主任、资深研究馆员、学科馆员代表。学科馆员实行岗位聘任制，岗位数量、级别、分布、聘任工作直接由馆务会领导和管理。学科馆员的考核采用岗位管理、目标任务管理的办法，学科馆员工作组管岗不管人，即只管任务下达和完成情况；而所在部门管人不管岗，即负责人员的日常工作和行政管理。

3. 武汉大学图书馆学科馆员工作机制

武汉大学图书馆学科馆员的工作由主管馆长领导下的横向工作组直接下达，接受主管馆长→横向工作组→学科馆员的垂直业务领导。学科馆员直接对工作组负责，并可以直接向主管馆长汇报、请示工作。学科馆员所在的部门负责其 20% 的业务工作管理职责以及日常管理工作，如考勤、政治学习、工会活动等。

学科馆员聘定后，主管馆长和工作组就将学科馆员的常规工作任务通告所在部门的负责人。如有专项工作下达，则及时告知部门，以便部门了解学科馆员工作的进程和人员去向。当学科馆员的工作与部门工作由冲突时，由主管学科馆员工作的馆长进行协调，一般情况下，学科馆员工作优先于部门工作。也就是说，学科馆员工作是根据专人专岗设置的。

4. 武汉大学图书馆学科馆员考核机制

学科馆员每年年终接受全馆组织的学科馆员工作考核。具体地说，学科馆员的考核工作由图书馆单独组织考核小组，依据岗位任务书中规定的职责和当年下达的工作任务完成情况进行考评，统一打分后交给馆务会。学科馆员另外 20% 的工作由所在部门依据所承担的部门工作进行考核，考核情况上交馆务会。两项考核综合后作为该学科馆员的年度最后考核结果。考核优秀者奖励，合格者续聘，不合格者进行整改，直至解聘。

5. 武汉大学图书馆学科服务内容

为了在图书馆与各学科用户之间建立直接的联系，掌握教学科研工作对文献资料的需求，帮助广大师生充分了解和利用图书馆的资源和服务，武汉大学组建了由学科馆员组成的学科工作组，专门负责图书馆的学科服务各项工作[①]。武汉大学图书馆的学科服务围绕三大基本任务：文献资源建设与学科资源开发、信息咨询服务与学科培训指导、信息素质教育。

（1）文献资源建设与学科资源开发

学科资源的开发和建设是奠定学科服务工作的基础。武汉大学图书馆在进行学科服务工作时首先建立各个学科的文献资源建设档案，以保证学科资源建设有据可查。同时撰写学科资源建设年度总结报告，全面反映年度文献

---

① http：//www. lib. whu. edu. cn/web/index. asp? obj_ id = 503

订购、教师对年度文献建设的反馈和评估已经今后工作发展与思路等情况。在学科资源开发方面，让学科馆员参加所负责学科的资源导航建库工作，并参见所服务学科的科研课题的文献调研与相应的研究工作。

（2）信息参考咨询服务与学科培训指导

具体地说就是收集各个院系的相关信息，为个性化的信息服务提供依据，主要包括：院系学科体系结构、研究内容、研究方向、今年取得的重要成果、正在进行的研究项目、拟开展研究课题等学科动态。同时还要及时更新院系教师的个人信息，包括：姓名、职称、联系方式、研究方向、开始课程、研究课题等。了解和掌握各类科研人员对信息资源的需求和信息服务的需求。定期了解院系师生的培训需求。

除此而外，还提供深层次的信息服务，如编制学科索引，对该学科网络资源进行搜集整理和链接；制作学科资源指南等工具；评价新的学科文献资源；编写文献综述；建立重点学科资源导航系统；开发特色数据库等。

武汉大学图书馆在学科服务工作中还提供了个性化的服务，包括为院系教师和研究生、本科生提供科研课题检索服务，为他们课题开题的文献学研究提供咨询。为教师科研课题提供科技查新服务；对院系教师和研究生举办专题培训并承担培训教学任务。

（3）信息素质教育

学科馆员参与用户信息素质教育工作，面向学生开展教学活动。配合专业授课教师和学生导师为进行毕业设计的学生提供文献信息资源服务；参与制作各种信息素质教育材料和教程写作，承担公共文献检索课程，担任新生入学教育指导，提高用户的信息获取能力。

武汉大学图书馆的学科服务工作是全方位多元化的，不仅包括传统的参考咨询工作，还建立学科文献资源指南，同时嵌入到学院科研、教学第一线开展学科服务。

（4）学科服务平台

武汉大学图书馆采用美国 LibGuides 内容管理与知识共享平台制作了面向本校的学科服务平台，目前制作完成 26 个学科服务平台①。这些平台是武汉大学图书馆的学科馆员利用学科平台提供的技术和工具，它整合专业文献资源，提供专业服务手段，为不同学科和专题的用户提供个性化学科服务。目前的内容涵盖学科馆藏文献资源指引、学科网络资源导航、学术热点追踪与

---

① http：//libguides. lib. whu. edu. cn/friendly. php？ s = home

评估、学科资源荐购、学习社区等项。学科包括测绘学、信息管理、水利工程、政治与公共管理、医学、经济与管理、法学、新闻传播学、哲学、生命科学、数学、物理学、化学、中国语言文学、计算机、电气工程、资源与环境、外国语言文学、土木工程、电子信息、动力与机械工程、城市设计、印刷与包装、宏观经济学、国际经济学、领土与海洋研究文献等。

5.5　华中师范大学图书馆学科服务概述

1. 华中师范大学图书馆学科服务基本概况

华中师范大学是国内开展学科服务较早的高校图书馆之一，在实行学科馆员制度的初期，华中师范大学图书馆的学科馆员们按照"深入学科、深入学院、深入教学科研"的要求[①]，积极为一线的教学科研人员服务，同时学科馆员不断加强自我修养，不断提升自我素质，为读者提供更优质的服务。华中师范大学图书馆以学科服务为切入点，在网络环境下积极探索新的服务模式，实现图书馆服务的转型和发展。

2. 华中师范大学图书馆学科馆员职责

华中师范大学图书馆自学科馆员制度实施以来，不断总结经验，立足于本校的学科设置和教学科研情况，制定了学科馆员职责[②]。

（1）完成图书馆的学科资源服务

所谓学科资源推介就是学科馆员针对服务的院系师生的学科情况，结合图书馆的馆藏资源和网络资源，定期为他们提供相关参考资料，如图书馆使用指南、新书新刊、电子资源、最新服务项目和公共信息等，使师生及时了解本专业的文献资源信息和相关服务。这样一方面可以提高图书馆资源利用率，另一方面可以使用户及时掌握本学科的最新资源。

（2）完成图书馆的学科咨询服务

学科咨询服务既包括传统的图书馆咨询服务，也包括更高层次的学科咨询服务。例如，为对口院系提供图书馆资源的利用与指导、各种数字资源的使用与培训、建立对口服务院系的重点学科用户档案和骨干学科用户档案，

---

① http：//www. sal. edu. cn/information－info. asp？id＝6494
② http：//lib. ccnu. edu. cn/service. html？id＝55

为师生提供课题立项的检索服务，提供科技查新、代检代查服务，开展定题跟踪服务以及其他各种个性化服务。

（3）负责图书馆与院系的学科联络

图书馆学科馆员要在院系和图书馆之间架起桥梁，让图书馆和院系在网络时代无缝衔接，及时为院系师生解决在利用图书馆过程中出现的各种问题，同时深入师生和用户中，及时了解他们对图书馆的资源和服务的要求与建议，为图书馆的学科服务提供参考。

3. 华中师范大学图书馆学科服务内容

（1）定期编制文献资源通报

所谓文献资源通报就是图书馆学科馆员根据各个学科的特点，立足于图书馆资源现状，同时充分发挥自己熟悉资源分类与资源整序的优势，对网络资源和馆藏资源进行信息重组，并按学科进行整序梳理，以用户需要的形式进行加工整理，定期或不定期的编制学科资源通报。通过这个文献通报，各个学科的教学科研人员能对本学科的近期图书、期刊、数字资源等各个方面有详细的了解，可以随时掌握本学科的文献学概况。

（2）资源使用培训

华中师范大学图书馆的资源培训从两个方面进行，一个是定期的培训讲座和新生入馆教育，另外一个是文献检索课的教学。定期的培训讲座包括中外文数据库的使用方法介绍、计算机检索原理与技巧、学位论文写作格式与方法、专业文献信息资源及检索方法等。培训的对象是全校师生；新生入馆教育是每年新生入学时图书馆学科馆员为他们进行图书馆的使用指导，让刚步入大学校园的学生认识图书馆，享用图书馆。而文献检索课则是图书馆学科馆员为全校本科生开设的一门工具课和方法课，目的就是帮助大学生增强信息意识，提高信息检索能力，充分有效地利用图书馆资源。课程内容涉及文献信息检索基础知识、基本原理、方法与技能，各种信息产品、各类数据库结构、功能、使用方法介绍等。

（3）科技查新服务

华中师范大学图书馆的学科馆员为满足师生的科研工作需求，开展了科技查新服务。目前查新站配置了多学科领域的学术期刊、学位论文、会议论文等中外文特色数据库并可以实时检索世界上最大的 DIALOG 联机检索数据库。现在开展的查新包括科研课题的立项查新、科研成果的鉴定查新、课题研发的文献学调研等。

（4）学术论文的查收查引

学科馆员针对学校的科研现状，提供学术论文的查收查引服务，具体内容包括：课题研究、论文写作、问题解惑、知识点查询等文献信息检索服务。例如，可以提供定期跟踪课题的服务，即根据研究人员的课题进展需要，及时提供最新文献信息，直到项目完成。也可以代查代检索，即对确定的文献进行单篇或多篇代检索服务。还可以提供文献，即本馆长期收藏的电子资源或纸质文献信息资源，根据用户需要提供全文、摘要、题录等。

5.6　郑州大学图书馆学科服务概述

郑州大学图书馆自从开展学科服务以来，学科馆员深入院系，主动嵌入科研教学的第一线，为广大师生提供科研教学的文献学支撑，并逐渐形成了自己的学科服务特色，收到良好的服务效果。同时郑州大学图书馆引进了"内容管理和知识共享系统——LibGuides"，作为"图书馆学科指南"的创建与发布工具，使得学科服务逐渐完善。

1. 郑州大学图书馆学科服务基本特点

（1）主动延伸服务

郑州大学图书馆的学科馆员一改过去固守一馆之地的被动服务态度，主动嵌入到各院系及相关教学机构，同时主动嵌入到社交媒体和网络工作，将图书馆的服务阵地延伸到图书馆外的不同读者群，扩大图书馆的影响力，提高图书馆资源的共享和使用率。

（2）深化服务内容

为了提高学科服务的效果，郑州大学图书馆的学科馆员立足于本馆的资源现状，利用自己的学科背景为师生提供教学科研所需的各种文献支撑，真正做到"让现代图书馆服务助力科研和教学"①。

（3）优化服务方式

网络技术的日臻完善使得图书馆借助于网络提供各种服务变得可能。这也向图书馆馆员提出了一个挑战：如何利用网络技术为读者提供服务，优化服务方式正是基于对这个问题所做的思考。

①　http：//www. sal. edu. cn/Information – Info. asp? id = 1188

2. 郑州大学图书馆学科服务内容

（1）学科服务平台

随着学科馆员制度的逐步建立，学科服务成为图书馆读者服务的一项重要内容。郑州大学图书馆引进了"内容管理和知识共享系统——LibGuides"，作为"图书馆学科指南"的创建与发布工具。现在已经完成了图书情报学科服务平台、高分子材料成型、模拟及模具技术学科平台、药学学科服务平台、物理学科服务平台、中国古代史学科服务平台的建设，还有一个学科服务平台正在建设中①。

（2）资源使用培训

定期向全校各个院系师生提供各种中外数据库的使用培训，使师生掌握图书馆数字资源的使用方法和技巧。同时开展全方位、多层次的用户培训，重点放在研究生信息素质教育，实现多种教育模式。

（3）特色资源建设

馆藏特色资源建设是学科资源的一个重要组成部分。郑州大学图书馆立足于本馆馆藏特点和地方经济建设的实际，建成了珍善本图书书名目录库、河南地方文献题录库、30 年刊目录库等特色数据库，为学校社科研究提供文献资源保障。

（4）科技查新服务

科技查新工作是对一个学科、技术、产品进行全面的文献调查、整理、分析、评价的过程，也是对该查新课题的一个全面深入的文献学分析。也是学科馆员充分利用图书馆的文献信息资源、人力资源与设备资源的优势，在科研立项、成果评审、申报奖励、研究生论文开题和专利申请等方面提供学科服务的一种形式。

（5）查收查引服务

查收查引是指学科馆员对科研项目的申请、报奖、成果鉴定、职称评审等提供学术论文的查收查引检索服务，并提供发文量及被引情况分析报告，以便为科研人员的研究提供文献学支撑。

（6）学校科研竞争力分析评价

郑州大学图书馆学科馆员利用本馆的各种数据库及检索工具，完成了"郑州大学科技论文产出能力及学术影响力分析报告"。同时深入到院系，向

---

① http：//zzu. cn. libguides. com/content. php？pid＝400986&sid＝3283448

该院系教师介绍其科研产出及影响力情况分析，突出院系闪光点及科研能力排名，突出学科优势等。所有这些都挖掘了学科服务的内涵，使学科服务发挥了科研支撑作用。

5.7　上海交通大学图书馆学科服务概述

上海交通大学图书馆是国内开展学科服务较早的高校图书馆之一。早在2008 年，上海交通大学图书馆学科馆员们就开始选择院系学科研究梯队作为试点用户，开展深层次的学科服务[①]。当时上海交通大学图书馆提出了"资料随时可得，信息共享共建；咨询无处不在，馆员走进学科；技术支持服务，科研推进发展"的全新服务理念，并这把这一新的服务理念作为图书馆在网络环境中发展的灵魂。同年还首创了"IC^2 创新服务模式"，即把 Information Commons（信息共享空间）和 Innovation Community（创新社区）以乘法关系有机融合，形成图书馆服务效能的平方级提升。经过几年的发展，上海交通大学图书馆的学科服务逐渐形成了自己独有的特色，并形成了多个具有上海交大特色的服务品牌。

1. 上海交通大学图书馆学科服务基本特点[②]

（1）支持教学，嵌入课程

上海交通大学图书馆围绕院系与学科发展格局，立足于读者使用的角度，以学科为主线，全面组织、整合、优化图书馆各项资源与服务，主动将服务推送到师生最熟悉且便捷获取的环境，支持泛在获取。同时，上海交通大学图书馆还主动配合院系师生全新教学模式的需求，彻底改变过去单一授课的传统，将信息素养教育与专业课相结合，试点推出了近 10 门嵌入专业课教学的信息素养教育课程。

（2）走进院系，助推科研

上海交通大学图书馆针对科研环节中各个阶段的不同需求，设计全波段服务内容。从建设学科资源、征集科研需求、培养科研信息能手、搭建学科虚拟平台、信息素养教育、科技查新、课题咨询、情报服务、科研成果产出与保存等各个角度入手，推出丰富多样的服务内容，覆盖科研过程的每个环

---

①　http：//blog. sina. com. cn/s/blog_ 51cf4320010091ol. html

②　http：//www. moe. edu. cn/publicfiles/business/htmlfiles/moe/s6978/201212/145117. html

节。学科馆员深入院系一线，面对面探访专家教授的科研需求；推出"信息专员计划"，为院系科研团队培养信息能手；搭建学科博客、学科信息导报及学科指南平台，便于科研人员一站式获取学科资源及相关服务；提供学科发展分析和院系、学科评估服务，成为院系科研团队的信息高参和顾问；建设交大名师库和交大文库以保存交大师资资源及科研成果等。

（3）塑造品牌，创新服务

服务创新是图书馆的立馆之本。上海交通大学图书馆通过"走进院系基地，融入学科团队，嵌入研究过程"等举措，积极实践服务创新，形成了多个具有上海交通大学图书馆鲜明特色的服务品牌。例如，2008 年首创的"IC^2 创新服务模式"，在 IC^2 创新服务模式总框架下，着力凝练"IC^2 创新支持计划"和"IC^2 人文拓展计划"两大子品牌，在纵深上支撑学术创新研究和学习，在广度上拓展人文素养和弘扬文化。经过几年的发展，"IC^2 创新服务模式"已成为我国高校图书馆界著名的"交大模式"，并且在海外也享有一定知名度。此外，2009 年，上海交大图书馆在国内率先开展以人为书、分享智慧的"鲜悦（Living Library）"品牌活动，旨在让鲜活的知识伴着愉悦来阅读。这种充满新鲜资讯、朝气蓬勃、灵动活跃的新型服务，已经常态化，深受师生的欢迎。

（4）技术引领，智慧泛在

上海交通大学图书馆始终瞄准国际一流大学图书馆的发展，并紧紧跟踪前沿技术，大胆尝试新应用和新系统，其数字图书馆发展始终处于国内高校图书馆的领先地位。自 2008 年开展学科服务以来，在国内率先引进推出了具有国际领先水平的"思源探索"一站式知识发现与获取系统；同时在国内高校图书馆首家引进美国的 LibGuides 系统，搭建起学科服务平台和知识共享系统；也是首先使用具有国际领先水平的 MetaLib/SFX 系统，搭建起学术资源跨库检索与个性化服务平台的高校图书馆；推出了手机图书馆和图书馆的多项移动应用，如利用二维码技术，实现了馆藏资源在手机上的识别和获取，等等。通过引进先进技术，让服务变得触手可及、如影随形。也使图书馆在新媒体环境下更加方便、高效地为用户提供服务。

（5）统筹规划，分头实施

上海交通大学图书馆专门制订了《学科服务中长期规划》，以保证学科服务按计划有序开展。这些规划包括：学科服务的背景、内涵与意义；学科服务目标、任务与近景和远景规划；学科服务框架、服务模式与政策规范；学科馆员的队伍建设；学科服务的组织管理等。此外还制订了《学科服务工作指导方案》等各种相关方案，出台了一系列指导规范，用于服务、管理及留档统计。这些规划和方案保证了图书馆的学科服务在整体规划的引导下顺利有序地进行。

2. 上海交通大学图书馆学科服务模式

为了保证学科服务取得预期效果，上海交通大学根据各个学院的学科特色和图书馆的馆藏资源特点，针对不同类型院系师生的信息需求，提出了各种学科服务模式。

（1）5 + X 服务模

这个服务模式是根据学科服务内容进行划分的。分别是①核心板块：即根据科研创新群体的实际需求定制、精心设计系列信息素质培训课程，穿插信息素质评估、思维训练、案例剖析等环节；走进院系、深入课题组开展的服务等。②精品板块：内容包括名家导航、学海泛舟、外文精品期刊展等一系列推荐展览活动，同时，将这些活动深入到院系，联合院系师生一起举办外文主题书展，这样师生就能在第一时间选择并推荐外文书刊，使得师生能获取实用的外文资料。③特色板块：作为学术交流中心和文献集散地的高校图书馆应该成为校园文化建设的主力军，为此上海交通大学图书馆本着"激活隐性知识和创新思维，分享经验智慧"的原则，为师生打造特色板块，包括开设"以人为书，分享智慧，启迪创新"学术沙龙，举办"鲜悦（living library）——薪火相传经验分享"大型阅读活动，组织"技术交流月"等活动。④探索板块：在这个板块里为教师提供对教学方法创新的支撑，有新生研讨课开放式点评和观摩课，由学科馆员和任课教师及观摩嘉宾对学生进行点评，围绕专业学习、资源利用两个方面对学生加以指导，帮助他们适应大学的学习研究方式，学会有效利用图书馆的各种资源。⑤创意板块：这个板块是计算机爱好者的一个交流平台，在这里学生们可以进行编程体验，把头脑中闪现的灵感付诸于行动，为学生今后的创业提供实验的天地。⑥X 板块：这个板块没有具体内容和形式的限定，属于灵活扩展服务平台，师生或学科馆员有任何想法或自行创意的服务项目，都可以在这里得到实验或验证。

（2）IC^2 创新服务模式

所谓 IC^2 就是 Information Commons（信息共享空间）和 Innovation Community（创新社区）的乘法关系的融合，即将信息共享空间和创新社区以乘法关系结合，强化学术创新支持与人文素养拓展两大职能。为了更好地实现这两个功能，分别推出了 IC^2 创新计划与 IC^2 人文拓展计划，其中的 IC^2 创新计划以"激活知识、启迪创新、提升素养"为目标，依托院系服务基地以点带面，通过实施不同的主题以适应不同的读者群体的系列创新支持计划，让读者自觉参与其中。IC^2 人文拓展计划则以"点亮阅读、启迪人文、弘扬文化"为目标，通过搭建新型图书馆文化平台，开展多种多样的文化实践活动，在校园文化建设中发挥图书馆阅读指导优势，推动文化的积累、交流、传承和弘扬。

（3）全覆盖模式

上海交通大学图书馆为了使学科服务充分发挥作用，还以"用我们的优质服务，节省您的宝贵时间"为指导原则，设置了三大服务阵地，试行了"三大阵地、两层推进"的全覆盖服务模式。其中"三大阵地"指的是开设学科阅览室、建立院系基地、设立虚拟社区，这三个阵地的服务对象涵盖了上海交通大学的各类读者群。同时考虑到读者类型和学科馆员数量的制约等因素，采取分两个层次进行学科服务的策略，即，对一般信息需求的读者来说，以"普遍推广型"服务为主；对于有特定需求的重点读者来说，则采取按需定制的"重点支撑型"服务。这就是"三大阵地、两层推进"的涵义。

3. 上海交通大学图书馆学科服务内容

上海交通大学图书馆的学科服务可以分成三大类：教学支持服务、科研支持服务以及学科资源服务平台。其中教学支持和科研支持服务又由若干项服务构成，学科服务平台则引进美国的 LibGuides 系统，为广大师生教学科研提供学科资源保障。

（1）教学支持服务

①电子教参服务

这指的是上海交通大学图书馆提供的电子教学参考资源服务，简称电子教参服务。这是上海交通大学图书馆联合学校的教务处和网络信息中心共同开发建设的全校课程电子教学参考资源服务。该项服务向全校师生推送个性化的电子教参资源，并推广电子教参的移动阅读。这项服务在新媒体环境下发挥了巨大作用，教师利用移动终端就可以为课程选择与管理教学参考资料，学生可一站式获取所选课程的指定教学参考资料。

②培训服务

上海交通大学图书馆的培训服务分为几个板块：新生培训、滚动培训、专题培训、嵌入教学培训、信息专员培训、思源讲坛、专利学堂。

新生培训　新生培训根据培训的对象不同可以分成新入职教师培训和新入学学生培训。对教师采取集中授课培训的方式，对学生则是深入到各个学院进行图书馆使用指南的培训，让新生在最短的时间内尽快学会利用图书馆。

滚动培训　滚动培训是采取循环重复的方式把培训内容反复进行。这主要是为了帮助全校师生了解图书馆的各类资源，更好的检索、使用各种电子文献资源。这种培训不仅有上课内容，并且还安排课后上机练习及现场辅导。这种理论和实践相结合的培训方式能极大提高图书馆资源利用率，提高读者的信息素质。

专题培训　专题培训是为了满足全校各院系师生在教学、科研和学习的过程中对查询与利用专业信息的个性化需求而进行的专题讲座，图书馆学科馆员定期或不定期面向院系、各科研团队、各创新社群组织不同层次、不同类型、专题性、个性化的信息素养培训，其中的主讲人可能是图书馆学科馆员，也可能是全国、全校各领域的权威和专家。

嵌入教学培训　所谓嵌入式教学培训是指将文献学内容嵌入到各个学科的专业课教学中进行学科文献的专题培训，是学科馆员面向教师和研究生开设的各个学科的文献学研究专题讲座，包括专题文献的检索策略和检索技巧、学科数据库的使用方法、各个分析软件及其个人信息管理软件的使用等内容。

信息专员培训　上海交通大学图书馆每年秋季开学都面向全校所有院系、科研团队选聘信息专员，这些信息专员是图书馆学科馆员和院系之间联系的纽带，也是图书馆开展学科服务不可缺少的一个角色。通过对信息专员专业化的信息检索与利用技能的培训，可以为科研团队培养自己身边的信息专家，也能更好地为科研团队提供信息服务。

思源讲坛　思源讲坛是上海交通大学图书馆 IC^2 人文拓展计划中的一项重要内容，"思源讲坛"以推广经典阅读、弘扬文化艺术、分享人文社科研究成果为着眼点，聘请校内外名家名师，来校作相关主题讲座，将多元思想及文化向全校师生推广并传播，从而起到开拓思维、提升人文的作用。

专利学堂　专利学堂是上海交通大学图书馆为全校师生提高知识产权保护意识而开始的一个专利专题讲座。围绕专利理论与实践，图书馆聘请校内外有关学者和专家，结合实际案例为师生解答疑惑，帮助他们解决在专利申请和专利保护中所遇到的问题。

③课堂教学

合开课程：文献检索与解读　上海交通大学图书馆与相关学院合开了"文献检索与解读"课程，旨在培养学生了解与专业相关的信息资源，数量掌握相关资源的检索技能，能够利用文献信息进行专业解读与总结归纳。该课程注重实践和实用，采取课题讲授与上机实习相结合的教学方式。

　　选修课程：网络环境下的文科信息检索　该门课程是上海交通大学图书馆为全校本科生开设的公共选修课，旨在培养学生的信息意识。提高学生的信息素养，使学生系统地掌握网络环境下人文社会学科信息检索的技能和方法。课程主要包括：信息检索的基本理论、信息检索的主要技术与方法、信息检索的基本流程、中文常用人文社会科学信息检索工具与检索服务系统，特别是电子图书与网上参考工具书、电子期刊、电子报纸和数字化特种文献数据库的使用方法；网络搜索引擎以及常用人文社会科学网站等。课程采用授课和上机实习相结合的授课方式。

　　专业必修课：药物信息检索与使用　这是上海交通大学图书馆为药学院研究生开设的必修课。由于专业的缘故，熟悉药学信息资源的使用是药学专业研究生的必备技能。该课程的目的就是使学生了解药物信息检索的基本概念、掌握药物信息检索的基本方法和常用的检索途径，使学生能够独立、有效地获得最新药学科学研究的相关资料，并能很好地应用于课题研究中以解决实际问题。

　　通识核心课程：信息素养与实践　　这是上海交通大学图书馆学科馆员们为全校学生开始的一门通识核心课程，旨在培养学生的信息素养及创新能力。尤其在当今信息技术飞速发展、信息量无限膨胀和信息质量不确定的背景下，学生能够清晰地确定所需信息的范围，有效地获取和鉴别信息及其来源，熟练地将获取的信息融入自身的知识体系，并利用获得的信息顺利地完成一项任务，同时了解利用信息所涉及的经济、法律和社会问题，合理、合法地获取和利用信息，鼓励学生积极继承前人的研究成果，利用前人的成功经验，创造性地丌展自己的科研创新和实践。

　　（2）科研支撑服务

　　①科技查新

　　上海交通大学图书馆从上世纪 80 年代就开始了科技查新工作，随着学校教学科研水平的不断提高，上海交通大学图书馆的查新站也由原理的理工类升级为综合类，并且是具有教育部资质和上海市科委资质双重资质的查新机构。可以为师生提供科技立项查新、科技成果鉴定查新、科技成果评估查新、科技成果验收查新、科技成果转化查新、科技成果奖励申报查新等各类查新。

　　②论文查收查引

　　通过 SCI、EI、CPCI 等国际著名检索数据库查询机构或个人发表论文被三大索引收录情况，以及被 SCI 论文的引用情况。上海交通大学图书馆学科馆员可以为用户提供机构或个人的论文收录引用检索服务，根据检索结果，为用户提供客观、准确、权威的论文收录引用情况检索报告。除三大索引外，还可查询 INSPEC、InCites、CSCD、CSSCI 等检索数据库，以及 JCR，ESI 等评价资源。

③文献调研

文献调研服务的服务对象有两类人群：一个是科研人员，另外一个是研究生。例如，科研人员在申请课题或申报专利之前需要对申报内容进行文献学研究，即利用数据库和网络资源，围绕科研研究进行文献检索，并对检索结果进行统计分析，写出相关文献分析报告。研究生在课题开题时要利用各种数据库对课题内容进行相关文献学研究，这些文献学分析有助于研究的开题报告顺利完成。

④课题申报分析

课题申报时课题论证至关重要，而要写出高质量的课题论证必须要全面掌握和课题相关的国内外研究成果。上海交通大学图书馆学科馆员在课题文献调研的基础上利用数据库和分析评价工具对课题研究的前沿进行跟踪与对比分析，同时对课题申报提出建设性建议，为科研人员的课题申报提供帮助。

⑤课题前沿追踪

对课题前沿问题进行追踪有助于研究者把握研究的方向，并制定正确的研究方案和计划。上海交通大学图书馆的学科馆员们为了节省科研人员的时间，在课题研究中，在对课题进行充分的文献调研的基础上利用数据库和分析评价工具对课题研究前沿进行跟踪与对比分析，针对课题的研究方向给出前沿跟踪的方法建议。

⑥学术信息定制

在信息量成几何指数激增的时代，信息定制的优势尤为突出。这样可以节省科研人员的大量时间和精力，有助于他们集中精力从事研究。学术信息定制主要包括 RSS 和 Email 推送两种方式。RSS（Really Simple Syndication）是基于 XML 技术的因特网内容发布和集成技术。它能直接将最新信息及时主动的推送到读者桌面或在线 RSS 阅读，使读者不必直接访问网站就能得到更新的内容。还有很多数据库提供 Email 推送的个性化设置，这样读者也可以方便快捷地获取所需的信息。

⑦同行对比与跟踪

上海交通大学学科馆员们可以为科研人员提供各个学科的比较分析与跟踪研究。主要是利用数据库进行科研评价与对比，利用学科信息分析工具进行学科动态追踪，以期获得满意结果。

⑧学术期刊分析与评价

不论是哪个学科的科学研究，也不论其研究成果的最终形式是什么，都要以论文的形式将研究成果公布于众。因此熟悉本学科的学术期刊的优劣是对科研人员的一项基本要求。上海交通大学图书馆学科馆员利用自己的知识背景和学科优势，对中外文学术期刊质量、学术影响力等进行分析与评价，并及时发现高水平的期刊、本校核心作者及专家队伍，为领导决策提供科学依据。

⑨学科资源评估

学科馆员们利用分析评价工具等对学科发展态势、人力资源等进行客观评估，旨在支持领导决策、把握学科动向、洞察学科发展趋势、辅助学科创新。

⑩定题服务

所谓定题服务又称 SDI 服务，即 Selective Dissemination of Information Service。它是一种根据读者需求，一次性或定期不断地将符合需求的最新信息传送给读者的服务模式。其最大的特点就是主动性、针对性、有效性、连续性、专深性。上海交通大学图书馆学科馆员根据用户的科研需要，针对用户事先选定的主题（专题），以描述性主题词、关键词作为检索入口，定期或不定期地进行文献跟踪检索，以书目、文摘、全文等方式提供给用户，为用户的研究开发提供便捷、可靠、丰富的信息。

除了上述各项服务外，上海交通大学图书馆的学科服务还包括专利分析报告、科研绩效评估、特定课程服务等各类服务。

（3）LibGuides 学科服务平台

上海交通大学图书馆的学科服务平台引进了一款风靡全球图书馆界的"内容管理和知识共享系统——LibGuides"，作为"图书馆学科指南"的创建与发布工具①。该平台旨在实现学科资源和服务的组织、揭示与发布，共享学科馆员间相通的工作成果，方便用户利用图书馆学科资源与服务。平台内容按院系（专业）划分，涵盖（学科）网络资源导航、（学科）馆藏资源指引、（学科）IC^2 创新支持/IC^2 人文拓展、（学科）学术热点追踪、（学科）资源荐购、学习社区等资源和服务内容。

---

① http：//www. lib. sjtu. edu. cn/ssp/about. html

5.8 南京理工大学图书馆学科服务概述

1. 南京理工大学图书馆学科服务基本情况

南京理工大学图书馆于 2009 年 4 月实施学科馆员制度，并在图书馆各个部门设立学科馆员岗位，同时还在各个学院（系）和机关部门成立了图书馆学科顾问及学生顾问队伍，以便更好地利用图书馆资源。南京理工大学图书馆的学科服务工作实行挂靠式管理，统一挂靠在信息咨询与培训部。为推动学科服务向更深入和更专业的方向发展，2011 年 3 月，在原信息咨询部的基础上，南京理工大学图书馆专门成立了学科服务部，建立了一支学历层次较高、学科专业面覆盖较广的学科馆员队伍。

2. 南京理工大学图书馆学科服务队伍

南京理工大学图书馆的学科服务队伍主要由这么三个方面的人员构成，一个是图书馆的学科馆员，一个是各个学院的学科顾问，另外一个是由学生组成的学生顾问。

学科馆员由具有相应学科专业的教育背景，了解对口单位的学科发展现状及对文献信息的需求，熟悉图书馆的馆藏结构、资源利用方式和手段的图书馆馆员担任。学科馆员必须履行的工作职责包括：深入了解对口单位的教学、科研和管理状况及学术资源需求；试用、评价、搜集相关学科的学术资源，参与对口单位的学术资源建设和服务工作；每学期至少一次为对口单位提供利用图书馆资源和服务的培训指导；每月至少一次与对口单位进行联络、征求意见、询问需求、介绍图书馆新的学术资源与学科服务；编写、更新相关学科的读者参考资料，包括学科服务网页、资源使用指南等；参与图书馆的学科资源建设工作，为对口单位的教学和科研提供学术资源利用方面的支持和帮助；与学科顾问、学科联络秘书、学生顾问密切联系，负责相关意见和建议的反馈或落实。

学科顾问通常由学院指派具有学科专业代表性、关心图书馆建设和发展、热心师生学术资源服务工作的教师担任。学科顾问的工作职责包括：对图书馆的学术资源规划、建设、发展和服务提供专家咨询和指导，为图书馆的建设和发展献计献策；为图书馆学术资源的科学、合理、规范构建提供专家意见，并解答图书馆在具体学术资源采选、搜集与服务方面的问题，及时反馈师生对图书馆工作的意见和建议；站在学科建设和发展的角度，推荐优秀学术文献资源，对相关重要试用资源提出评价意见，或组织其他专家进行评价；帮助图书馆的相关业务人员了解本学科领域的最新动态与进展，与学科馆员密切联系，为图书馆学术资源建设和学科服务提供指意见。

学生顾问的选择是以密切图书馆与读者的联系为宗旨，广泛征求读者意见和建议，为图书馆不断改善读者服务工作提供咨询，协助图书馆宣传图书馆的资源和服务，帮助读者更好地了解图书馆、利用图书馆。学生顾问面向全校招聘，采取自愿报名和校学生会、研究生会推荐相结合的方法，遴选关心图书馆工作、热心读者服务的学生担任。学生顾问要履行以下工作职责：深入了解和反馈读者在文献资源建设方面的意见和建议；广泛征求读者对图书馆的意见和建议并及时反馈给图书馆；积极参与图书馆相关资源和服务活动的宣传和推广工作；协助学科顾问、学科馆员开展相关工作。

3. 南京理工大学图书馆学科服务基本内容

（1）用户信息需求研究

学科服务的逻辑起点是基于用户的信息需求[①]，因此，南京理工大学图书馆把用户的信息需求研究作为学科服务的基础性工作，主要包括用户信息行为和信息需求调研分析。学科馆员针对不同的用户设计不同类型的调查问卷，并发放到相应的用户手中。结合走访重点用户、保持沟通、召开学科顾问座谈会等方式，对用户的信息需求进行跟踪调研，通过用户信息需求及其变化进行深入分析，从中发现潜在的需求，为进一步策划学科服务内容和形式提供参考，从而保证学科服务有针对性并能对重点学科科研团队进行全方位的支持服务。

（2）信息素养教育

根据用户对信息需求的不同，南京理工大学图书馆的学科馆员开展了不同类型的信息素养教育。对于一所高校来说，图书馆的读者群通常由可以分成几类：新生（本科生和研究生）、新入职教师、新入馆的馆员。面对新生开展的是入馆教育指南以及开始文献检索与利用课；对新入职的教师则开办各种数字资源的使用培训专题讲座，帮助他们掌握各种中外数据库的检索方法；新入馆的馆员要从图书馆基础理论和基本知识入手，分阶段系统掌握和学习

---

① 崔林，王敏芳，周蓓蓓等. 高校图书馆学科化服务实践与思考——以南京理工大学图书馆为例［J］. 图书情报工作（增），2014，58（12）：78－81.

图书情报学的各种方法，以便今后能胜任图书馆的各种业务工作。

（3）学科资源整合与揭示

学科资源是开展学科服务的基础，学科服务的开展反过来又促进学科资源的建设。这个良性循环的过程就是图书馆在新媒体环境下发展和前进的过程。学科馆员通过学科服务的过程参与学科资源的建设，同时又通过对学科资源的整合与揭示，促进学科资源的使用。通过建立学科资源平台，将整合的学科资源进一步进行揭示，按照用户的需求分门别类地提供给他们。南京理工大学图书馆的学科馆员结合学校 13 个学院的专业特色，建成了各个学院的学科网页，除了揭示图书馆拥有的学术资源外，还收集整理了一些免费的学术资源，将有价值的开放获取学术资源进行搜集和整合，在一定程度上弥补馆藏资源的不足，扩大读者获取学术资源的渠道，并及时推送相关学科最新发展动态及读者急需的学术会议详细信息。

（4）专题检索服务

南京理工大学图书馆的学科馆员为学校重点学科的科研人员提供全程的科研支撑服务，专题文献检索服务就是其中之一。主要是针对在研的重点科研项目提供定题跟踪服务，并进行相关专题检索，以获取最新科研动态信息以及提供最新项目研究参考资料。

（5）学科信息推送服务

利用 RSS 等推送技术为课题提供相关专题信息或感兴趣的信息，以节约科研人员的时间，帮助他们在信息海洋中和零散的学科信息碎片中获取所需要的相关文献。

（6）学术成果统计与科研绩效评估

南京理工大学图书馆的学科馆员利用权威数据库和文献计量与分析工具，对重点学科和重点项目的研究课题进行科研绩效和科研竞争力的评价分析，以便研究人员能随时掌握自己的研究在同行中的位置，随时调整研究策略，使研究项目紧跟学科发展方向。

（7）重点学科的情报研究服务

南京理工大学的"兵器科学与技术"和"光学工程"是两个一级国家重点学科。南京理工大学图书馆的学科馆员围绕这两个国家级重点学科，积极开展学科情报研究工作，编辑出版了《兵器文献速报》、《国防科技动态》、《电光信息》等科技情报刊物，跟踪翻译报道国外最新兵器、世界国防科技以及国外电、光发展的最新科研成果和发展动态，满足了科研人员了解相关学科前沿和发展动态的需要。同时建立了国防科技文献特色数据库、中国兵器系统专业文献数据库，为南京理工大学的兵器科研工作随时提供最新的参考和前沿的情报。

（8）学科服务平台

南京理工大学图书馆学科馆员们立足于图书馆各种馆藏资源和网络资源，建立了学科服务平台，为用户提供图书馆各种学科资源及服务的整合、揭示与发布，包括与各学科相关的馆藏资源与网络资源、学科研究前沿、SCIE 论文最新收录、学术会议信息、图书馆培训讲座及其他重要服务。现在上线的服务平台包括信息学科服务平台：适用于电光学院、自动化学院、计算机学院、理学院。化工材料学科服务平台：适用于化工学院、材料学院、环工学院、生工学院。陆续上线的服务平台还有机械工程学科服务平台、能源与动力工程学科服务平台、人文与社会科学学科服务平台。

5.9 浙江大学图书馆学科服务概述

1. 浙江大学图书馆学科服务基本情况

浙江大学图书馆的学科服务围绕学校人才培养、科学研究、科学研究、发展决策和社会服务的需求，依托图书馆丰富的资源与人才优势，立足于学校学科建设与发展需要，为学校师生提供学科服务。针对学校学科分散且数量巨大的用户群，浙江大学图书馆组建了立体联络型的学科服务团队，保证了学科服务的全面开展和提供高效便捷的服务。

2. 浙江大学图书馆学科服务队伍

浙江大学图书馆学科服务团队是一支立体联络型学科服务团队①，其组成分为 3 个层次：第一层是学科分馆的学科馆员，第二层是参考咨询部和资源建设部的学科馆员，第三层是外围支撑人员，主要是应用服务推介和信息化技术支持等相关业务人员。浙江大学的学科馆员都是专职的岗位，负责学科服务的具体业务。在此学科服务团队架构中，各层次人员的分工各有侧重。学科分馆的学科馆员主要负责面向学部及院系的沟通，通过参加各类学术会议了解学科发展动态和资源整合需求；参考咨询部的学科馆员承担大量的具

---

① 陈振英. 融入主流谋发展 拓展合作促繁荣—浙江大学图书馆学科服务创新实践［J］. 图书馆杂志，2011，30（8）：69－72.

体业务工作，包括资源配置、馆藏资源的优化等；外围的支撑人员负责宣传推广学科服务的各项成果，负责宣传图书馆的资源与服务，征询用户在学科服务方面的需求、意见与建议。这种立体联络体系很好地发挥了纽带作用，将学校师生和职能部门的各类需求，包括信息培训需求、资源购买需求、人才评价需求等及时反馈给图书馆，同时将图书馆能干什么，通过什么样方式和手段能够帮用户找到解决问题方案等及时提供给他们。

3. 浙江大学图书馆学科服务内容

浙江大学图书馆近些年对内加强沟通渠道的建设，对外激发多个机构和团体的潜在需求，广泛建立平等合作关系，开展了多方面的学科服务工作。

（1）学科资源建设

学科资源建设是学科服务的基础，也是开展学科服务的重要保障。浙江大学图书馆与院系通过合作做好资源的统筹规划、整合、揭示和共建共享。对每个专业设立荐书专家，举办大型专业书展和专门座谈，提高专业文献核心馆藏保障率。进行回溯书目建库工作，实现全校文献信息整合揭示。

（2）学科分析评估

学科分析评估是以学科为对象，通过对学科相关事实与数据的调研，例如借助对目标学科的 ESI、Web of Science、中文社会科学引文索引（CSSCI）等发文量、各类排行榜排名情况，官方评估情况以及师资、培养等情况的调研，结合多种分析工具及评价方法，设计评价比较指标体系，对学科的现状、发展概况等进行梳理分析，并根据用户要求形成最终产品的一种服务形式。

（3）决策支撑服务

浙江大学图书馆的学科服务除了面向教学和科研服务，还有一个更具时代性特种的使命，就是面向学校决策服务。在大数据环境下，越来越多的管理部门意识到：在指定规划、确立发展目标时，科学数据时进行科学评估与科学管理的重要依据。每个高校在学科建设和发展过程中，都需要辅助数据库作为充实决策评估的依据。针对此种现状，浙江大学图书馆的学科服务对接学校行政部门的需求，通过个性化方案、灵活性举措开展多层次、个性化、全方位学科服务。在 TOP 期刊评定、人才评定、大学评估等各项工作中为学校的管理部门提供重要科学数据支撑。

（4）科研工作的文献保障服务

科研团队的文献保障服务是学科服务的一个重要方面，也是重点和难点。从科研角度看，图书馆学科馆员对所服务的学科知识掌握不全面、不系统，这些都会影响获取文献的数量和质量，从而导致学科服务的效果差强人意。科研人员具有一定的文献检索能力，但遇到一些特种文献或一些交叉学科资料收集时往往会感到棘手。浙江大学图书馆充分考虑到这两者的优劣势，建立起长期的合作关系，与科研人员的技能形成互补，提供更具智力价值的情报分析服务，运用智能工具和深层次的知识发现工具为用户提供竞争情报服务，为科研项目提供可靠的信息，促进学科的多元化发展。

（5）科技查新服务

浙江大学图书馆科技查新中心是教育部授权批准的直属的、具有部委级查新职能的认证机构。不仅可以为浙江大学校内提供科技查新，还可以为政府机构、工矿企业、科研院所开展科技查新与咨询服务，同时为广大师生和用户在科研项目的立项、鉴定和评审工作出具相关科技查新报告。

（6）咨询服务

浙江大学图书馆的学科服务还包含了信息咨询。并且信息咨询服务涵盖范围广、调研方式更为灵活机动，可以满足用户各种基于事实数据与文献资料的调研需求。用户只需提供需要调研的主题、内容框架、或目标对象等，并提出相关要求，学科馆员便会根据需求进行全面的文献、信息、数据调研，并进行甄别、梳理和整合，最终形成完整系统的调研咨询报告。

（7）专利服务

浙江大学图书馆的专利服务包括专利检索、专利查新和专利分析。

专利检索包括了信息检索，例如专利法律状态查询、专利时效性查询、同族专利信息查询等；还包括专题检索，即根据用户的要求，针对某机构或某技术进行世界范围的专利检索，出具检索或技术分析报告，并提供检索出的相关专利资料；或者跟踪检索，即根据用户的要求，对某技术、某机构的国内外专利进行定期检索，并提供检索出的相关专利资料，使用户实时掌握最新的专利信息，了解相关技术的发展动向。

专利查新是对已申请专利但尚未授权的技术，或尚未申请专利的完整技术方案或申报项目等进行世界范围的专利检索，出具检索报告，并提供相关的对比文献资料。

专利分析是宏观的技术调查（Start – of – the – Art Analysis）。这类调查用途广泛，无论是科研人员制定研发方案，市场销售人员开拓新市场，或公司之间并购时决定有形、无形资产的价值，都可作为一个有效的参考。专利分析也可以是针对一个具体技术领域的专利发布详情做出分析，以决定对此领域研发和市场的投入。专利分析可以分为三个方面：①专利可行性分析（Patentability Analysis）在专利申请的前期很常用。它是在为某发明申请专利前寻找相关的现有技术，并明确现有技术的范围。有了这些信息，申请人撰写专利说明书和权利要求项时能决定最大限度的权利范围。②专利的有效性分析（Validity Analysis）和侵权/非侵权分析（Infringement/non – Infringement Analysis）则出现在专利纠纷中。前者为判断某专利是否有效，后者则着重分析某专利的权利范围以及某产品是否侵权。③专利可操作性报告（Freedom – to – Operate Opinion）。许多美国公司在研发立项和产品上市前聘请专利律师做可操作性分析来评估项目或产品的专利风险。

5.10　山东大学图书馆学科服务概述

1. 山东大学图书馆学科服务基本情况

山东大学图书馆的学科服务由图书馆信息咨询服务中心的学科服务团队承担。其目的就是建立起通畅的"需求"与"保障"的渠道，帮助教师、学生充分利用图书馆资源。山东大学图书馆学科服务体系围绕"资源到院系、服务到个人"的目标，学科馆员为院系和科研管理部门提供个性化的学科服务①。

2. 山东大学图书馆学科服务队伍

（1）学科馆员岗位

2000 年 7 月，原山东大学、山东医科大学、山东工业大学合并成立新的山东大学，原三校的图书馆相应合并成为新的山东大学图书馆，从此山东大学图书馆在原有的基础上有了新的发展，并开始实施学科馆员制度，在信息咨询部设立学科馆员岗位，开展学科服务。

（2）学科馆员职责

全面了解图书馆资源与服务状况。熟悉对口服务院系相关学科的文献资源分布，掌握相关资源和服务平台的使用方法，宣传各类信息资源和服务，编写各类宣传材料，多渠道宣传、推广图书馆资源与服务，不断提高文献资源利用率。

联系对口院系，与院系图情专家密切合作，搜集相关学科的文献资源及

---

① http：//www. lib. sdu. edu. cn/portal/tpl/home/showdetail？ chid = portallink&id = 162

师生对图书馆文献资源及服务的需求，参与相关学科资源的调研、试用、评价、荐购等工作，为图书馆资源建设提供参考意见。

负责对口院系的读者培训工作。不定期为院系师生开办各类培训、讲座，组织完成学院相关课程的嵌入式教学任务，逐步提高院系师生的检索技能和信息素养能力。

开展定题咨询服务和其他各类咨询服务，根据具体学科的特点与要求，为重点课题组或专家学者提供个性化服务。

收集、跟踪相关学科的各类资源动态，编写、更新相关学科的读者参考资料，包括制作维护学科服务网页、资源使用指南等。建立和维护相关学科资源服务平台。

了解对口院系的教学科研情况和发展动态，为对口院系的重大课题提供深度学科服务。

3. 山东大学图书馆学科服务内容

（1）院系互动

了解对口院系的教学科研情况和发展动态，熟悉该学科的文献资源分布，进行资源满足率、使用率的统计分析。同时深入院系，广泛征求读者意见及信息需求。提供面向各学院和科研团队的信息咨询。

（2）教学与培训

山东大学图书馆的学科馆员为全校本科生和研究生开设了文献检索系列课程，其中本科生的系列课程分为医学文献检索、理科文献检索、工科文献检索和人文社科文献检索，研究生的系列课程分别是经济情报、情报分析与预测。

除了教学外，山东大学图书馆的学科馆员还向读者提供各类培训和专题讲座，这些讲座有针对本科生、研究生的文献资源检索方法和使用技巧，有针对研究生以上读者的文献管理工具的使用，更有论文写作指导和专业期刊投稿指南，还有学术评价工具的使用和介绍等等。

（3）科技查新

山东大学图书馆的科技查新站面向山东大学、山东省及邻近省份的高校、科研院所、工矿医院、政府机构等开展科技查新与咨询服务，为广大师生和科研人员提供科研立项查新、成果鉴定查新、申报奖励查新等，同时为各项科技成果的新颖性评价提供客观文献依据。

（4）学术收录及引用

山东大学图书馆的学科馆员根据用户需求，在国内外权威数据库中检索其论文被收录和被引用情况，以证明其科研能力和水平。具体地说，就是通过作者姓名、作者单位、期刊名称及卷期、会议名称、会议时间、会议地点、文献篇名、发表时间等途径，查找论文被 SCIE、Ei、ISTP（CPCI – S）、CSSCI 等收录及被引用情况；并依据检索结果出具检索证明，以便为用户的学术论文的认定提供文献依据。

（5）LibGuides 学科服务平台

山东大学图书馆引进了美国的 LibGuides 平台作为学科服务平台，它是学科信息资源与服务的整合平台，可以为用户提供学科最新资讯与动态、资源导航与检索、学术热点追踪及个性化服务等。目前山东大学图书馆建成的平台有几个学科：物理学、计算机科学与技术、环境科学与工程、基础医学和图书馆学。

5.11　吉林大学图书馆学科服务概述

1. 吉林大学图书馆学科服务基本情况

吉林大学图书馆是国内高校图书馆开展学科服务较早的图书馆之一。自开展学科服务以来，吉林大学图书馆在图书馆和各学科之间建立了直接联系，不仅掌握教学科研工作对文献信息的需求，还能帮助师生充分了解和利用图书馆的资源和服务。目前吉林大学图书馆分别在各个分馆设立了学科馆员岗位十一个，以保证学科服务的顺利开展。

2. 吉林大学图书馆学科服务队伍

吉林大学图书馆分别在中心馆及各个分馆设立了学科馆员岗位，负责对口学科的学科服务工作。目前开展学科服务的学科涉及了工学、医学、地学和信息学的相关专业。

3. 吉林大学图书馆学科馆员职责

吉林大学图书馆学科馆员负责全馆的学科服务工作，具体职责如下：

（1）制定对口院系的相关学科的馆藏资源（包括各种载体的文献）发展计划；

（2）了解对口院系的信息需求，联系和组织院系教师、科研人员圈选文献，参与推荐、选订对口学科的中外文图书，并配合采访工作人员做好中外文期刊续订、增订、删除工作；

（3）试用、评介相关学科的电子资源；

（4）与对口院系保持经常联系，搜集师生们对图书馆资源和服务的建议及要求；

（5）向对口院系师生及时通报和推送图书馆的最新资源、服务项目；

（6）建立对口院系重点学科的教师档案，开展个性化的信息服务；

（7）参与对口院系组织的有关学术活动，及时了解相关学科的发展动态；

（8）及时解答有关图书馆资源和服务的师生疑问；

（9）为对口院系师生提供利用图书馆的指导和培训，包括介绍图书馆各种载体的资源和服务项目的专题讲座等；

（10）搜集、鉴别和整理相关学科的网络信息资源，参与相关学科文献资源的分析、评价工作。

4. 吉林大学图书馆学科服务内容

（1）用户培训

用户培训是吉林大学图书馆学科服务的一项重要内容，包括新生入馆培训和各种数据库的使用培训。新生入馆教育在每年的新生入学时开展，目的是帮助新入学的大学生适应大学的学习，学会利用图书馆进行自学和提高。各种数据库的使用培训是学科馆员定期开展的一项工作，目的是让用户掌握图书馆各种数字资源的使用方法和检索技巧。

（2）课程教育

吉林大学图书馆的学科馆员为本科生和硕士生开设了文献检索与利用课。通过本课程的教学，使学生了解文献信息及信息检索的基本知识，学会常用的各种类型检索系统的使用方法，掌握现代信息检索技术，培养学生自主获取文献信息的技能，进而提高学生的信息素质和综合创新能力。

（3）科技查新

吉林大学图书馆科技查新站是国内较早开具备查新资质的科技查新机构，主要承担东北地区有关高校、科研机构、企业与文、理、工、农、医药卫生相关的科技项目的立项、成果鉴定、新产品、专利申请查新及各类信息检索和咨询服务。

（4）LibGuides 学科服务平台

该学科服务平台是吉林大学图书馆引进美国 LibGuides 学科服务平台，为开展深层次的学科咨询而采取的最新服务，针对不同院系，安排不同专业背景的图书馆咨询馆员负责，按学科开展全方位的服务。目前服务的学科涉及地学、医药卫生、社会科学、机械与工程、数学与化学等学科的相关专业，例如水利工程专业、地球物理勘探专业、化学专业、社会学专业、岩石学专业、汽车工程专业、病理学专业、数理统计专业、医学免疫学专业、矿学专业等。

5.12　哈尔滨工业大学图书馆学科服务概述

1. 哈尔滨工业大学图书馆学科服务基本情况

现在的哈尔滨工业大学是原来的哈尔滨工业大学和哈尔滨建筑大学在2000 年合并后新组建的，其图书馆也拥有了两座独立的馆舍和建筑分馆。与此同时，哈尔滨工业大学图书馆立足于本馆丰富的馆藏资源和电子资源，扩大了读者服务的深度和广度，并开展了学科服务。哈尔滨工业大学图书馆学科服务的宗旨是：以丰富的文献信息资源重点支持优势学科，辅助弱势学科。为了更好地推动学科服务的开展，哈尔滨工业大学图书馆不仅在重点学科上下工夫，提高服务质量，而且还建立了文科学科馆员制度，取得良好效果。

2. 哈尔滨工业大学图书馆学科服务内容

（1）教学与培训

哈尔滨工业大学的学科馆员针对不同的读者群开展了相应的用户教育与培训。

对于入学新生，哈尔滨工业大学图书馆将入馆教育的内容嵌入到新生入学教育中，对他们进行图书馆使用的培训，使得新生在入学伊始就能学到图书馆的利用方法，了解图书馆的资源，为他们完成大学阶段的学习奠定基础。对于本科生，则开设了"科技信息资源检索与网络检索"，让学生们在信息时代，能准确地找到自己所需要的科技信息资源，掌握各种数字资源和网络资源的检索与利用，能熟练使用各种中外文数据库。对于研究生则开设了"科技信息资源检索技术"课程，通过这个课程的学习，学生不仅能掌握三大检索工具的使用技巧和方法，还能了解学术科研活动中的知识产权保护以及如何检索和利用专利文献，如何围绕课题进行开题的文献收集和检索，如何规范地完成硕士论文等。

（2）科技查新

哈尔滨工业大学一直是中国航天工业总公司的科技查新站，2015 年被授予教育部科技查新站。目前面向本校及外单位，受理电力、电子、计算机、自动化、化学、化工、材料、环境、能源、机械、生物、土木、等理工各类科研项目的查新。

（3）专题定题服务

哈尔滨工业大学图书馆的学科馆员借助于图书馆丰富的网络资源、光盘数据库及国内外联机数据库系统，针对自然科学、社会科学及人文科学各个学科、各种目的的研究课题，以描述课题的主题词、关键词作为检索入口，从开题立项、研究中期、直到成果验收，开展全程的文献检索服务。检索结果大部分提供文献的文摘，也可提供原文服务。

（4）论文收录及被引用服务

这个服务是指通过作者姓名、作者单位、期刊名称及卷期、会议名称、会议时间、会议地点、文献篇名、发表时间等途径，查找论文被 SCI、EI 等收录及被引频次，同时出具检索结果证明，以方便用户对自己的学术论文进行定位和评价。

（5）科研支撑服务

科学研究的最终成果都是以学术论文的形式向世人公布的，为了使得科研人员的学术论文被 SCI 和 EI 收录，哈尔滨工业大学图书馆为广大师生提供 SCI 及 EI 的咨询及投稿指南服务，以帮助师生提高论文被 SCI 和 EI 收录的几率。

（6）学科博客

开设学科博客是网络环境下开展学科服务的一种重要手段。哈尔滨工业大学图书馆的学科博客始于 2011 年，目前的服务学科有建筑学科、材料学科、管理学科、能源学科、交通学科、计算机学科、人文社会学科、化学化工学科、机电工程学科、土木工程学科、市政环境学科等。

（7）学科平台

哈尔滨工业大学图书馆引进美国的 LibGuides 平台作为本馆的学科服务平台，建成了经济与管理学科、材料学科、心理学学科、土木工程学科、能源学科、交通学科、建筑学科、计算机学科、机械工程等各类学科平台。

5.13 西安交通大学图书馆学科服务概述

1. 西安交通大学图书馆学科服务基本情况

西安交通大学图书馆从 2000 年初引入学科馆员制度。试行初期在图书馆信息咨询部选定了 3 名资深馆员分工兼职学科服务，在相关院系选定 13 名教授作为"图情馆员"，配合图书馆的学科馆员开展学科服务工作。试行一段时间后，逐步扩大到西安交通大学的全校 17 个院系。十多年来，西安交通大学图书馆的学科馆员在完成部室工作任务的同时，积极投入学科馆员工作。现在，西安交通大学图书馆的学科馆员已由个别兼职扩大到全员全职，学科馆员人数由当初的 3 人扩大到现在的 20 人。同时建立了学科化信息服务的目标、任务、职责、量化指标体系、工作日志管理等一系列管理制度和服务规范，并将对口院系师生评价引入学科馆员考核环节，使得西安交通大学图书馆的学科服务工作取得显著成效。

2. 西安交通大学图书馆学科馆员制度

图书馆根据工作能力和知识背景选择素质较高的馆员若干名作为各学院（系、学科）的学科馆员，并制订出学科馆员管理考核办法。学科馆员重点为对口学院（系、学科）提供各种信息服务，接受图书馆和对口学院（系、学科）双方的监督考核。

各学院（系、学科）推选一名热心图书馆事业、全面了解本学院（系、学科）研究工作的现状及发展方向的教师作为图情教授，负责向图书馆提供本学院（系、学科）的研究动态及其信息需求，并配合学科馆员做有关工作。

学科馆员和相应的图情教授之间建立直接的联系，定期和不定期地交流信息。

3. 西安交通大学图书馆学科馆员工作职责

为对口学院（系、学科）教师、研究生、学生提供利用图书馆资源和服务的培训指导。及时宣传图书馆新增加的资源及服务项目。

为对口学院（系、学科）教师、研究生、学生提供咨询服务，读者可通过电话、电子邮件、当面咨询等方式向学科馆员咨询，学科馆员及时解答读者问题。

收集、整理有关学科的馆藏网络资源和公共网络资源，建立该学科信息导航网页，并链接在图书馆主页上。

收集师生对图书馆馆藏建设及服务的意见和建议，作为图书馆调整馆藏及强化服务的依据。

4. 西安交通大学图书馆学科服务内容

（1）科技查新

西安交通大学图书馆的科技查新站是根据《教育部办公厅关于认定教育部部级科技查新工作站的通知》要求，授权批准 84 个直属的、具有部级查新职能的认证机构之一，它面向陕西省以及临近省份的高校、政府机构、工矿企业、科研院所开展科技查新与咨询服务。查新工作站将查新咨询服务分为两个部分，即综合类咨询查新和医药卫生咨询查新（原"西安医科大学图书馆医药卫生科技查新站"）。科技查新作为西安交通大学图书馆学科服务的一项重要内容，查新资源十分全面，涵盖了中外文大型数据库和国际联机检索 DIALOG，拥有 SCI、EI、INSPEC、CSA、CPCI、SciFinder Web 等数据库，所有这些都为科技查新的开展提供了资源保障。

（2）论文的查收查引

西安交通大学图书馆的学科馆员立足于图书馆的丰富资源，为师生的学术论文被收录情况提供查询，同时还可以提供 EI 所收录的各种中外期刊、SCI、SSCI、A&HCI 等检索系统的中外期刊源，以便为师生的论文投稿提供指导。

（3）教学与培训

教学是指西安交通大学图书馆为学生开设的文献检索与利用系列课程。这些系列课程是以计算机、网络为手段的一门科学方法课。目的是向学生传授信息检索知识，培养和提高学生的情报意识，使学生掌握文献检索和信息综合利用的技能，提高自学能力和独立研究能力。通过课程学习能够比较全面地了解图书馆的信息资源和服务类型，学会运用各种检索手段从各类信息源中获取所需的知识，从而提高学生信息获取、处理和利用的能力，为将来从事实际工作、撰写论文以及进行科学研究奠定坚实的基础。这些系列课程包括计算机科技信息检索、医学文献检索、药学文献检索、经济文献检索等。

西安交通大学图书馆的读者教育是学科服务的一项重要服务内容。其中培训包括几个部分：新生入学的图书馆使用培训、专题数据库培训以及学科馆员的继续教育培训。新生入学教育培训是在每年的 9 月至 11 月举办，内容包括西安交通大学图书馆馆藏概况、图书分类法基本知识、图书馆 OPAC 目录的使用等。专题数据库培训讲座是定期为读者举办的各种资源使用培训，包括各种中外文数据库的使用方法和检索技巧。学科馆员培训是西安交通大学图书馆为提高学科馆员的素质及业务能力，每学期定期或不定期为学科馆员提供的业务和技能的培训，既包括计算机检索基础，也包括了各种软件和数据库的使用等。

（4）参考咨询服务

指的是西安交通大学图书馆向读者提供的各种参考咨询服务，主要包括为教学科研提供的信息咨询和检索服务、虚拟参考咨询、电话咨询、邮件咨询等，同时还向社会提供各种信息参考咨询服务。

5.14   西北工业大学图书馆学科服务概述

1. 西北工业大学图书馆学科服务基本情况

西北工业大学作为我国一个同时发展航空、航天、航海工程教育和科学研究为特色，以工理为主，管理、文、经、法协调发展的研究型多科性和开放式的科学技术大学，其学科特色较为明显①，对图书馆也提出了更高的要求。作为一个高校图书馆，西北工业大学图书馆通过学习国内外先进的学科服务理念，并结合本校图书馆自身发展的现状与能力，在梳理已有服务项目的基础上，积极探索新的学科服务路径与方法，并逐步构建起了具有本馆特色的学科服务模式。

目前，西北工业大学图书馆已经建立了较为系统的学科服务体系，既包括新兴的服务项目，也囊括了传统的服务内容。为了保证学科服务的顺利有效开展，西北工业大学图书馆建立了学科馆员制度，2 名或 3 名学科馆员组成一个学科服务小组，通过学科馆员小组团队合作形式服务于对口院系，取得良好的服务效果。

2. 西北工业大学图书馆学科服务体系及服务内容

西北工业大学图书馆的学科服务是分层次的体系结构，即分为基础层次和深层次两种。这两种层次的学科服务体系相互结合、互为补充，在学科服

---

① http://tushuguan.nwpu.edu.cn/

务体系中各自发挥了应有的作用①。

（1）基础学科服务体系

西北工业大学图书馆的基础学科服务体系主要是从传统图书馆服务内容中得到延伸与发展的，这些服务要早于学科服务概念的正式引进和学科馆员制度的确定。最初开展的这些服务并不是以学科服务的名义推出的，但鉴于服务本身所具备的学科性质，已经具备一定的学科服务形态，因此自然被纳入到图书馆学科服务体系中，作为学科服务的基础服务项目。

基础学科服务体系主要有以下一些服务内容：

EI、SCI、ISTP 等三大索引工具的统计分析及推送服务：这一服务开展以来受到越来越多师生的肯定和好评，师生可以及时掌握关于自己论文被三大索引收录的情况，满足了师生对学术论文跟踪和评价的需要。

科技查新服务：这也是许多高校图书馆开展的一项学科服务工作，它面向学科，可以说是学科服务的一种特别存在形态。西北工业大学图书馆科技查新重点集中与航空、航天、航海、材料、机械、电子信息、自动化、计算机及相关学科，具有很强的学科性和专业性，对出具的查新报告进行整理和梳理，在此基础上进行各个学科的数据分析，可以及时跟踪本校骨干学科和重点学科的一些科研动态和研究水平，为领导决策提供科学参考。

学科资源检索培训：这是指针对不同学院和课题组的个性化需求进行的专业资源培训与讲座。通常学科馆员通过各个学院的科研秘书征询所在学院师生的相关信息需求情况，有针对性地开展相关的数据库培训，内容涉及数据库介绍、使用方法与技巧、信息检索基础知识、科研分析工具的使用、投稿指南等。

此外还有其他的基础学科服务，例如信息咨询和原文传递等。

（2）深层次学科服务体系

深层次学科服务是相对与上述基础学科服务而言的一些服务项目，这些服务更能体现学科知识内容的服务与创新。主要包括以下服务内容：

学科热点与前沿信息推送：西北工业大学图书馆学科馆员每年编辑四期《学科热点与前沿》刊物，为全校师生和科研人员提供相关学科热点前沿问题的专题报道。利用图书馆的各种数字资源，采用情报学分析方法，从数字资源和网络资源中组织整理出和学校学科领域相关的最新学科热点研究论文、

---

① 施薇，燕辉. 西北工业大学图书馆学科服务实践与推广［J］. 当代图书馆，2014（4）：23 - 25，43

最新研究前沿及最新国际会议信息等，以期对学校师生开展学术研究、项目立项、开题报告等各种科研活动提供帮助。

学科专题培训：这是面向院系、专业开展的专题培训，内容涉及图书馆资源与服务导引、原文获取途径与文献传递服务、三大索引数据库及其他外文文摘数据库使用、各种中外搜索引擎及网络免费资源的获取、最新学科研究热点与前沿信息的获取、各种文献管理软件使用、学问论文数据库使用等，从内容上看基本满足了不同读者的信息需求。

嵌入式服务：西北工业大学图书馆将学科服务嵌入到研究生的课堂教学中，为研究生讲解如何利用图书馆的各种资源，围绕自己的研究课题搜集学科专业信息，以便帮助研究生更好地开展研究工作，并为课题和毕业论文撰写做好准备。

专题服务：西北工业大学图书馆的学科馆员根据专家学者的主题需求，为其制定详细的专题报道，包括主题及检索策略、检索范围、所关注的主题最新文献及检索结果分析、所在学科的热点与前沿、最新会议信息、高频被引文献等，主要突出所关注的领域最新和最热点的内容。同时为学校交叉学科提供有关的专题服务，还为相关院士、教授等开展学科服务，提供专题文献分析。

3. 西北工业大学图书馆学科服务特色

西北工业大学图书馆的学科服务开展以来，一直围绕学校学科建设提供服务，逐渐形成了本馆学科服务特色。

（1）注重对学科前沿热点信息的收集整理与推送服务

学科的前沿热点信息是专家学者急需的信息，也是需要花费时间和精力进行整序加工的。由于这类信息具有较强的实效性和新颖性，因此及时把这类信息加工整理并推送到所需要的人的手中是学科服务的重要任务。

（2）注重学科服务的以点带面

西北工业大学图书馆的学科服务开展的时间并不是很长，因此许多服务需要边试边干，并以点带面，推动整个图书馆学科服务的深入开展。在这方面西北工业大学图书馆探索出了可行之路。通过为院士、长江学者、优秀青年教师等高端人才的试点服务，逐渐扩大学科服务的影响，很快树立起学科服务的品牌效应，将学科服务的范围深入到更普遍的教学、科研群体，使得学科服务的范围覆盖各个学科领域。

（3）多元化学科服务

西北工业大学图书馆开展学科服务时注重学科的层次性，将学科服务的内容和结构合理化、立体化，兼顾各个学科和多个层次的用户群体，满足了多样化的学科信息需求。从专门的定题服务、专题报导、学科热点推送到基础的走进院系服务学科的系列讲座，以及常规的三大索引推送等，全方位满足了各个学科及用户群体的多元化信息需求。

（4）注重学生群体的学科服务

通常，图书馆面向学生的服务以借书还书和数据库培训为主要内容，还有少量的原文传递等。西北工业大学图书馆在延续这些基础服务的同时，有意识地开展了面向学生的学科服务。例如嵌入到研究生学位论文撰写过程中的专题文献检索培训，这个措施很顺利地将学科服务延伸到学生群体，扩大了学科服务的范围。

5.15　宁夏大学图书馆学科服务概述

1. 宁夏大学图书馆学科服务基本情况

宁夏大学图书馆是开展学科服务较早的高校馆之一，并且较早地引进了美国 LibGuides 学科服务平台，先后与上海交通大学图书馆、中国科学院文献情报中心、国家图书馆等单位开展了文献传递和馆际互借等业务活动。

宁夏大学图书馆学科服务从其服务内容上划分可以分为三个方面：科研辅助服务、图书馆职能服务、图书馆基础支撑服务。这三个方面基本涵盖了图书馆各项服务，尤其是图书馆的一些传统服务也借助于新媒体技术，形成了新的学科服务形式，在图书馆服务工作中发挥了更大的作用。

2. 宁夏大学图书馆学科服务内容

（1）文献检索与提供服务

主要是为教师学生提供的文献保障服务，在研究生开题和课题立项阶段，需要查阅大量参考资料，以便掌握研究领域的最新研究动态。在研究结束后的成果验收期，也需要对研究成果进行跟踪以便确定成果的研究水平和影响力。这上述这些过程中，宁夏大学图书馆学科馆员及时进行全程服务，为整个过程提供文献保障。

（2）信息素质教育

对于新入学的大学生，宁夏大学图书馆采取的是网上指南的方式进行图书馆的入馆教育。在宁夏大学图书馆主页，读者可以打开"入馆指南"的链接，根据自己的需要选择学习。这些内容涉及图书馆的规章制度、借阅规则、开馆时间、图书馆机构设置、馆藏分布等，满足了一般读者使用图书馆的基本需求。

宁夏大学图书馆学科馆员为全校本科生开设了"文献检索与利用"课，把文献信息理论与操作实践相结合，根据不同专业介绍不同的信息源，让同学们掌握学位论文写作时检索文献的基本技能和方法。对于研究生则开始了"文献信息分析方法"课程，主要讲述具有实用价值的参考工具书、各种索引数据库和大型文献检索工具，同时结合申报课题的实际问题讲解各学科的文献学统计分析。作为提高学生综合素质的一种方式，宁夏大学图书馆学科馆员为学生们开设了"中国书史"选修课，这门课为学生展现一幅五千年的中国各个时期的有代表性的名著名篇，让学生们在书的海洋里畅游，融入画卷里去欣赏、去品味，从而陶冶情操，提高自身修养。

（3）查收查引

宁夏大学图书馆学科馆员立足于图书馆的各种资源，开展论文的查收查引及被引论文的统计分析工作，为师生的论文跟踪和评价提供依据。

（4）文献传递

宁夏大学图书馆是教育部 CALIS（中国高等教育文献保障系统）管理中心批准的 CALIS 宁夏回族自治区文献信息服务中心，借助于这个平台宁夏大学图书馆的学科馆员积极开展网上文献传递和文献资源的共建共享工作，其文献传递数量在西北地区的高校图书馆中名列前茅。

（5）参考咨询

宁夏大学图书馆借助于新媒体，把参考咨询开展得有声有色。可以在线咨询、电话咨询、邮件咨询等，解决读者在利用图书馆时遇到的各种问题。

（6）LibGuides 学科服务平台

CALIS 三期参考咨询项目子项目——学科服务子项目引进了 LibGuides 平台，为 50 家图书馆提供经费补贴，促进国内高校图书馆深化学科服务。宁夏大学图书馆有幸成为免费使用 LibGuides 的高校馆。目前，宁夏大学图书馆的学科服务平台提供的服务学科涉及了经济管理学、回族研究、汉语言文字、化学化工、旱作农业等领域。

5.16　西南交通大学图书馆学科服务概述

1. 西南交通大学图书馆学科服务基本情况

西南交通大学图书馆自 2010 年开始实施学科馆员制度，学科馆员的服务对象以教师和研究生群体为主。通过几年的实践，西南交通大学图书馆已经实现了由"资源主导型"向"服务主导型"的图书馆的转变，充分体现了图书馆"以人为本，读者至上"的服务理念。同时加快了文献信息传播和学科信息的交流，提高了图书馆资源利用率，促进了图书馆服务平台的不断完善和高效运转，也促进了图书馆人才队伍素质的不断提高及图书馆核心竞争力的不断提升。

2. 西南交通大学图书馆学科馆员工作职责

西南交通大学图书馆的学科馆员制度建立以来，学科馆员职责不断增加和完善，基本涵盖了图书馆业务工作的各个方面，主要职责如下：

（1）负责建立与对口院系的长期联系。

（2）深入了解学院的教学科研情况和发展动态，了解学院的学科资源引进需求，及时将需求建议反馈给学科采访馆员和数字资源建设馆员，以便建立符合学科发展需要的馆藏资源体系。

（3）通过多种渠道向学院和科研团队宣传推广图书馆的资源与服务，根据需要，提供有针对性的电子资源利用培训。定期和不定期地开展常规性的读者培训，参与新生培训工作。

（4）征集院系师生们对图书馆资源和服务的需求意见与建议。

（5）根据各学院需求，开展基于资源层面的分析评价工作，如科研学术影响力评价、个人学术评价等。

（6）定期提交学科调研报告，及时反馈有关信息。

（7）定期更新相关学科的读者参考资料，包括学科服务网页、资源使用指南等。

（8）轮流负责日常前台信息咨询；解答读者在利用图书馆和网络资源时遇到的问题；对读者在利用图书馆中遇到的困难提供具体的帮助。

（9）负责馆际互借和文献传递工作的日常管理，包括接受委托、任务处理、宣传推广及相关咨询等。

（10）参与收录引用工作。

3. 西南交通大学图书馆学科服务内容

（1）用户培训

西南交通大学图书馆的用户培训有"定期讲座"和"不定期讲座"两种，定期讲座是图书馆有计划地针对各种类型的读者举办的专题讲座，同时讲座时间和讲座主题也发布在图书馆主页上，方便读者根据自己的情况有选择的参加。不定期讲座就是专场的"一小时讲座"，是由各院系师生按照自己的需求，以院系或班级为单位向图书馆提出申请，以预约的形式举办的讲座。不定期讲座的开讲时间和地点均按照读者需求灵安排。

（2）信息素质教学研究

西南交通大学图书馆通过为学生开设课程来完成对用户的信息素质教育。所开设的课程分为本科生课程和研究生课程。

本科生的课程为检索课，该课程是国家级精品课，为学生讲述如何查找与利用科技文献资料、社会生活等冬天信息的方法与技术，尤其是基于网络环境下查找与利用电子信息资源的技巧。这门课程以西南交通大学图书馆的电子资源为基础，介绍网上各类电子信息资源的内容与检索技术，让学生认识各种类型的电子信息资源，系统了解和熟练地掌握各类数据库、电子期刊、电子图书以及网络数据库等检索方法。通过该课程的学习大学生可以熟练查找各类资源，提高获取文献和利用图书馆资源的能力。

研究生的课程是竞争情报，这是关于企业竞争环境、竞争对手和竞争策略的信息研究。包含竞争信息和竞争谋略两大部分。其核心是关于竞争对手信息的收集和分析，是情报和反情报技术。竞争情报正成为企业运作中继资金、技术、人才之后的第四大资源，得到国内外成功企业的高度重视。通过这门选修课，可以使研究生们理解有关竞争情报的基本原理，掌握竞争情报的基础知识和基本技能，培养学生获取、分析和处理竞争情报的能力与意识，为他们毕业后创业，成为企业家，或从事市场营销、投资分析、科学研究与工程技术开发、工商企业管理等各项工作奠定一定的基础。

（3）定题服务

定题服务又称 SDI 服务，即 Selective Dissemination of Information Service。它是一种根据读者需求，一次性或定期不断地将符合用户需求的最新信息传送给读者的服务模式。即指信息机构根据用户需求，通过对信息的收集、筛选、整理并定期或不定期地提供给用户，直至协助课题完成的一种连续性的服务。西南交通大学图书馆的学科馆员为满足学校教学和科研人员的需要，面向广大师生开展定题服务。

（4）文献传递

西南交通大学图书馆是 CALIS（中国高等教育文献保障系统）的成员馆，并且参与了 CALIS 文献传递项目的建设。目前西南交通大学图书馆的所有读者都可以申请文献传递服务。文献传递服务的内容包括：从国内外高校图书馆或图书情报机构例如中国高校人文社会科学文献中心（CASHL）、国家科技图书文献中心（NSTL）、中国高等教育文献保障系统（CALIS）、清华大学图书馆、国家图书馆等，获取中外文期刊论文、会议论文、标准、专利、技术报告和学位论文等。

（5）论文收录检索

西南交通大学图书馆为教育部指定的检索机构，承接用户论文收录与引用检索委托任务。可查询学术论文在 SCI 、EI 、ISTP 等国际著名检索工具，以及 CSCD《中国科学引文索引》和 CSSCI《中文社会科学引文索引》中的收录和引用情况，并为用户申报国家自然科学基金、杰出青年基金、国家各类教育科研基金和职称评定等出具权威检索报告。

（6）科技查新

西南交通大学图书馆是教育部正式批准授权的"教育部科技查新工作站"。该查新站服务于校内外各种学科的科技研究和开发活动，为科技项目申请、成果鉴定、申报奖励、申请专利、技术开发等提供科技查新服务，出具科技查新报告。

（7）特色数字资源建设

西南交通大学土木工程学院是中国近代土木工程高等教育的重要发祥地之一。1896 年，西南交通大学前身山海关铁路官学堂诞生，学校当时仅设有木土工程系，是我国高校中成立最早的土木工程系。悠久的学科历史积淀造就了西南交通大学图书馆在土木文献资源和数量和种类方面的优势，如订购的 19 世纪土木外文原版教材、学术专著，收藏的 1845 年创刊的 Proceedings of the Institution of Civil Engineers 和 1856 年创刊的 Railway Age 以及仅存的 1922—1948 年西南交通大学毕业生论文等，所有这些学科资源都是非常珍贵的文献。而且西南交通大学土木工程特色资源的数量也具有一定规模，文献种类齐全，不仅有全文，还有文摘、题录、图片等。加上近代的一些科研成果和高水平的科学研究等，为特色资源建设提供了丰富的内容。西南交通大学图书馆学科馆员围绕这些学科资源，开展了学科数据库建设并取得良好效果①。

5.17　西南科技大学图书馆学科服务概述

1. 西南科技大学图书馆学科服务基本情况

西南科技大学图书馆为了更好地服务于学校的教学和科研，加强与各个院系的联系，建立起畅通的"需求"与"保障"的渠道，在图书馆实施了学科馆员制度，开展学科服务。现在学科馆员（主要是兼职的学科馆员）已经有 20 多名，具有各个学科的知识背景，可以顺利地和各个院系的图情教授直接就有关科研课题和教学研究进行沟通对话，对所负责的学院、专业、学科的教师和研究生的信息需求进行科学调查，并对所获得数据资料进行统计分析、归纳整理。另一方面，根据广大教师读者的信息需求，分析研究馆藏资源和网上资源，为教师读者提供主动服务。

2. 西南科技大学图书馆学科服务队伍

西南科技大学图书馆学科服务队伍有两部分组成，一个是图情教授，一个是学科馆员。

（1）图情教授

西南科技大学图书馆在学校的各院系聘请 1~2 名知名教授为图情教授，目的在于帮助图书馆了解广大教师对文献信息资源的需求和对图书馆各项服务的意见，及时向教师和研究生通告图书馆的新资源和新服务，保证图书馆与各院系师生的联系顺畅沟通。各个学院图情教授的主要职责就是：每学期至少一次反馈院系教师对图书馆各方面的需求信息；协助图书馆进行资源评估、调查和数据库试用；对学科馆员的通知（基本为 E-mail 方式）及时响应，并做出相应安排；提供所在院系的重点研究方向；提供所在院系教师的 E-mail 地址，便于图书馆通告新服务、新资源和试用信息等；在各院系主页上增加知名教授及相应学科馆员的联系方式；积极主动地向图书馆推荐在个人研究和学习过程中挖掘出的网上免费资源。

---

① 陈欣，贾哲，石萍等. 特色数据库与学科服务—以西南交通大学图书馆土木工程特色数据库的完善为例［J］. 图书情报工作，2013，57（增2）：83-85

（2）学科馆员

西南科技大学图书馆的学科馆员以兼职为主，主要是图书馆设专人与某一个院系或学科专业作为对口单位建立联系，在院系、学科专业与图书馆之间架起一座桥梁，相互沟通，为用户主动地有针对性地收集、提供文献信息服务。

3. 西南科技大学图书馆学科服务内容

（1）馆际互借

西南科技大学图书馆已经建成比较完善的文献传递服务网络，学科馆员为本校读者向其他图书馆申请本馆所没有的文献。目前西南科技大学图书馆的馆际互借合作馆有四川大学图书馆、国家图书馆、清华大学图书馆等。传递方式包括返还式和非返还式两种，传递手段有传真、扫描、电子邮件、邮寄等。传递的文献有期刊论文、图书、标准、专利、学位论文、科技报告、会议录论文等。

（2）查收查引

西南科技大学图书馆的学科馆员从 2013 年开始面向校内提供论文的查收查引服务，该服务通过论文相关要素，检索文献被 SCI、EI、CPCI（原ISTP）、CSSCI、CSCD 等数据库的收录以及论文被引用、期刊影响因子、分区等情况，并依据检索结果出具检索证明。

（3）科技查新

西南科技大学图书馆学科情报研究室的学科馆员为校内外师生提供科技查新服务，通过对检出文献的内容的技术特征与委托项目技术特征的分析比较，写出有依据、有分析、有对比、有结论的查新报告。西南科技大学图书馆的科技查新服务范围包括：申请科技立项查新、成果鉴定和申报奖励的查新、申请专利的查新、技术引进查新、新产品开发查新等。

参考文献

[1]　胡小丽. 国内图书馆基于 LibGuides 学科服务知识服务平台的应用调查与对策研究 [J]. 图书馆学研究, 2013（6）: 81 – 86.

[2]　郭晶, 黄敏, 陈进等. 上海交通大学图书馆学科服务创新的特色 [J]. 图书馆杂志, 2010（4）: 32 – 34, 19.

[3]　陈欣, 贾哲, 石萍等. 特色数据库与学科服务—以西南交通大学图书馆土木工程特色数据库的完善为例 [J]. 图书情报工作, 2013, 57（增 2）: 83 – 85.

[4]　潘幼乔，李辉. 地方高校图书馆四级在线学科服务创新研究——以四川高校为例 [J]. 情报资料工作，2012 (1)：93 - 96.

[5]　崔林，王敏芳，周蓓蓓等. 高校图书馆学科服务实践与思考——以南京理工大学图书馆为例 [J]. 图书情报工作，2014，58 (增2)：78 - 81.

[6]　昝晶. 南京理工大学学科服务发展新思考 [J]. 甘肃科技，2013，29 (20)：103 - 105，29.

[7]　陈振英. 融入主流谋发展 拓展合作促繁荣——浙江大学图书馆学科服务创新实践 [J]. 图书馆杂志，2011，30 (8)：69 - 72.

[8]　施薇，燕辉. 西北工业大学图书馆学科服务实践与推广 [J]. 当代图书馆，2014 (4)：23 - 26，43.

[9]　燕辉. 学科服务中最新学科研究热点与前沿信息的搜集与推送 [J]. 当代图书馆，2012 (4)：41 - 44.

[10]　来晓玲. 西北地区高校面向学科化服务构建信息共享空间的研究——以宁夏大学图书馆为例 [J]. 图书馆理论与实践，2012 (2)：78 - 80.

[11]　燕辉，刘秋让，张燕等. 学科服务嵌入硕士毕业论文开题与撰写之中——以西北工业大学图书馆为例 [J]. 当代图书馆，2014 (1)：4 - 6.

第6章 中美大学图书馆联盟比较研究

图书馆学科服务联盟，即 Library Discipline Service Alliance，简称 LDSA，是网络环境下借助于计算机信息技术，立足于各个图书馆的服务水平和馆藏资源，受共同认可的协议和合同制约的图书馆信息咨询服务合作组织。图书馆学科服务联盟 LDSA 的概念的提出是受图书馆联盟的影响，可以说 LDSA 的工作原理和基本思路是建立在图书馆联盟的基础上，其设想也借鉴了图书馆联盟的一些经验。因此，这章中我们对图书馆联盟做一简单总结，对中美图书馆联盟建设的成功经验进行剖析，以便为 LDSA 的构建提供理论支持。

6.1 图书馆联盟及其服务理念

1. 图书馆联盟的产生及其内涵

面对浩如烟海的信息资源和经费的日益紧张，每一个图书馆都感觉购买信息资源的能力越来越弱。其实每一个图书馆的信息资源、技术以及服务能力都是有限的，没有哪一个图书馆能够在信息社会中，单纯依靠自己的力量独立满足所有读者的信息需求。每个图书馆都有自己的馆藏特色和收藏重点，图书馆必须采取优势互补，各个图书馆之间进行联动、协作，走联盟发展之路，以实现信息资源的共建共享，让每个图书馆的信息资源得到最大的利用。因此，信息资源的共建共享一直是图书馆人的梦想，国内外几代图书馆人为之奋斗，为之努力。而计算机技术、通讯技术、网络技术的发展以及各种数据库、各种资源数字化手段的应用使图书馆人梦想成真，图书馆联盟就是实现这个梦想的最好方式。

国内学者赵东对图书馆联盟的内涵进行了阐述①：图书馆联盟是用来描述一种信息资源共建共享的组织形式时所使用的一个概念。它是指两个或两个以上的图书馆为了实现信息资源共建共享、利益互惠目的而组织起来的，联

---

① 赵东. 论图书馆联盟 [J]. 图书情报工作, 2008 (增1): 1-10.

合相关信息资源系统，根据彼此共同协商认定的协议和合同，按照统一的技术标准和工作程序，通过一定的信息传递结构，执行一项或多项合作项目的图书馆合作组织。

从上述这个描述可以看出，并非所有的有合作关系的图书馆都是图书馆联盟，要形成图书馆联盟必须具备这样几个形成条件：

第一，图书馆联盟有多个图书馆组成，而且对参加的图书馆类型没有限制。参加图书馆联盟的图书馆我们称之为成员馆。这些成员馆可以是一种类型的图书馆，例如都是高校图书馆或都是公共图书馆；也可以是不同类型的图书馆，例如既有高校图书馆也有公共图书馆，或者还有一些研究机构的图书馆或社区图书馆。

第二，有共同认定和遵循的协议和合同来约束成员馆的各项服务和各种活动。图书馆联盟的一个重要原则就是互惠互利，优势互补。但是互惠互利不能没有约束和准绳，要成为图书馆联盟的成员馆，必须遵守共同制定的协议、合同等相关规定。

第三，有特定的共同目标和相同目的，即实现信息资源的共建共享。面对日益激增的信息资源，一个图书馆要系统全面的收藏各类信息资源是不可能的，也是不现实的。因此图书馆联盟的重要目的就是实现信息资源的共建共享，让各个成员馆的信息资源发挥最大的作用。

第四，有一定的组织机构来负责图书馆联盟的运行和发展。图书馆联盟是一种组织形式，所以其正常运行和发展需要有专门的机构在负责，各个成员馆之间的相互合作和协调也需要有人具体安排和管理。

第五，立足于现有的网络技术和网络环境。图书馆联盟在起步阶段，由于当时的网络环境尚未形成和普及，很多信息资源共建共享的工作无法顺利进行。现在成熟的网络环境和现代计算机技术、通讯技术都为图书馆联盟的运行和发展提供了先进的手段。因此图书馆联盟必须充分利用网络技术来开展各项工作。

2. 图书馆联盟的特点及其作用

（1）图书馆联盟特点

中外各种图书馆联盟的相继成立和发展，不仅推动了图书馆事业的发展，同时也为图书馆在网络环境下生存和发展开辟了新天地。从图书馆联盟的发展看，其主要特点如下：

第一，图书馆联盟的信息资源共建共享不受地域限制，但是联盟成员馆仍是相对独立和自制的实体图书馆，成员馆固有的隶属关系并没有改变。由于网络的普及和发展，使得图书馆联盟的信息交流可以实现跨地区、跨行业，其交流的范围可以覆盖全国各地的图书馆。这也是图书馆联盟得以生存和发展的重要原因。

第二，图书馆联盟成员馆之间是契约式的平等关系。图书馆联盟的实际运作是通过相应的规范和协议来控制和协调的，成员馆之间没有隶属关系，并在联盟范围内协调合作，通过对外部资源的有效集成和整合来达到项目的快速实现。

第三，图书馆联盟的组织结构为动态、开放式。图书馆联盟的成员馆并不是一成不变的，而是随时有所增减，联盟的成员馆不论是数量上还是类型上都呈现动态、开放的特点。联盟各个成员馆自身具有绝对独立性和自主性，一个成员馆可以参加一个图书馆联盟，也可以同时参加多个联盟。既可以是临时合作，也可以是长期合作。

（2）图书馆联盟作用

纵观国内外图书馆联盟的成立和发展，我们不难发现，不论图书馆联盟的规模大小，也不论其成立时间先后，其动因都是基于信息资源共建共享的理念。图书馆联盟是集各个图书馆的单个力量为一体，形成整体效益、共同分担费用、降低成本的行为，直接促成的信息资源的共建共享、提高信息资源利用率的效果。

首先，图书馆联盟保证了成员馆对读者多元化信息需求的满足能力。在新媒体环境下，印刷型文献已经不再是读者获取信息的首选，读者对信息的需求呈现多元化。另一方面，读者对信息的需求已经超越地区、跨越时空，甚至对信息的需求扩大至全球范围。图书馆联盟就是解决这个问题的有效途径。

其次，图书馆联盟可以提高信息资源的利用率。借助于网络，图书馆联盟可以整合各个成员馆的信息资源，并利用现代化方式向读者提供文摘或全文，可以全天候地为读者提供各类信息资源。尤其是一些特种文献，其利用范围本来就不大，如果不参与图书馆联盟的话，那么这些文献就可能长期被束之高阁，无人问津。而图书馆联盟的作用就是将这类文献及时有效地传递到用户手中，让这类文献得到最大利用。

再次，图书馆联盟可以提高成员馆的工作效率和服务水平。图书馆联盟具有协调成员馆之间的资源的作用，通过图书馆联盟的系统规划和协调管理，使得各个成员馆可以集中优势力量进行图书馆业务研究，建立各种图书馆规范，完善现有的各项工作标准，提高图书馆工作效率。同时还可以帮助成员馆合理使用经费，节约人力和物力，使成员馆服务集成化程度增强，其服务重心从以资源为中心转移到以读者为中心，提高成员馆的服务水平。

最后，也是比较重要的作用，就是实现真正的资源共建共享。随着图书馆联盟的发展，其各项合作逐渐深入，并随之拓展到各个图书馆和文献信息中心，甚至现在的图书馆联盟也联合了出版商、数据库生产商、发行商、书店等，这不仅仅是信息资源的共享，还有人才资源共享、各项成果的共享、设备资源的共享、平台的共享以及效益的互惠互利。

6.2　美国图书馆联盟发展现状与典型案例解析

1. 美国图书馆联盟的现状

美国是最早提出图书馆联盟这个概念的，也是图书馆联盟的发源地。在美国，图书馆联盟并不一定用"联盟（Alliance）"来命名，有的称之为图书馆合作体（Library Coalition）、图书馆合作组织（Library Cooperative）、图书馆理事会（Library Council）、图书馆链（Library Link）、图书馆网（Library Network）、图书馆联合（Library Federation）。甚至还有的图书馆联盟也被称之为虚拟图书馆或数字图书馆。

早在19世纪80年代，美国的图书馆杂志就发表了图书馆合作的相关论文，同时建议图书馆合作起来分享各自的馆藏资源。从那时美国图书馆界就一直热衷于图书馆联盟的建设和发展。时至今日，美国已经建立了遍布各州、数量众多、类型齐全、规模壮观的图书馆联盟。美国的图书馆联盟类型多种多样，合作形式五花八门，合作机制逐渐完善，这些各类图书馆联盟将美国的各类图书馆连成一个联系密切、交流广泛、合作流畅的无缝网络体系，不仅保障了信息的交流，也为读者和用户提供了更好的服务。美国的图书馆联盟由于政府重视、给予政策和基金上的大力支持，图书馆界本身有资源共享及合作的传统，积极发展联盟以及美国国民在图书馆联盟的发展中获益并反过来促进其发展，所以使得美国图书馆联盟目前已经形成一个纵横交错的大型网络体系，其服务覆盖了美国各行各业。在横向方面，几乎每一个州都至少有一个全州范围的图书馆联盟，有的是公共图书馆联盟，有的是大学图书馆联盟，有的是二者兼而有之；在州下面分布着各个地区性图书馆联盟，而地区下面又有大量的以一县或一个较小范围为基础的地方性图书馆联盟。在纵向方面，有各种不受地理位置限制的专业性图书馆联盟，有全国性的数字图书馆联盟以及国际性的超级联盟，在同一地区内，可以同时存在多个联盟，而一个图书馆也可以根据自身的需要同时参与多个联盟。

在众多的美国图书馆联盟中我们选择其中比较典型的一个案例进行详细解析，从中获得启示。

2. 美国图书馆联盟典型案例解析

在美国不计其数的图书馆联盟中，我们选择了 OhioLINK 作为典型案例进行详细解析。因为本研究课题以大学图书馆为主要研究对象，而 OhioLINK 联盟中以大学、专科学校为主，所以把 OhioLINK 联盟作为研究比较的对象相对来说有一定意义。

（1）OhioLINK 联盟成立动机及目标

OhioLINK，全称为 The Ohio Library and Information Network，即俄亥俄图书馆和信息网络，这个图书馆联盟的建立理念始于 1987 年俄亥俄州立大学校务委员会（Ohio Board of Regents）的 "尽快建立俄亥俄州覆盖全州的电子图书目录系统以便进行资源共享以应对经费短缺和信息剧增的挑战" 的一个倡议①，为了响应这个倡议，校务会的董事会专门成立了一个执行委员会，其成员来自于图书馆、政府职员、管理者以及俄亥俄州各个大学的计算机系统管理者。执行委员会几次大会讨论后于 1988 年 11 月出台了计划报告，1989 年 2 月发布信息需求报告，1989 年 8 月发布了建立全州电子图书目录的议案。

到 1990 年，OhioLINK 联盟选择 Innovative Interfaces 公司的产品作为加工 OhioLINK 电子图书目录的统一软件，选择了统一的电脑硬件。1992 年 OhioLINK 联盟在俄亥俄州政府的全力支持下正式成立，这样就可以在全州电子图书目录基础上，解决大学图书馆经费短缺和面对信息剧增典藏空间不足的问题，实现图书馆合作和资源的共享。1996 年 2 月 OhioLINK 联盟开始通过万维网提供服务。

因此，OhioLINK 联盟创建的主要目标是为通过连接所有成员馆的自动化系统联合编制电子目录，从而提高馆际互借服务的效率。

（2）OhioLINK 联盟成员

目前其成员馆包括 17 所公立大学、23 所专科学院/社区学院、43 所私立大学的图书馆以及州图书馆。通过一个综合性的地区图书馆目录和 OhioLINK

---

① ［2015 年 8 月 3 日］https：//www.ohiolink.edu/content/history

中心目录,一个联机馆际互借系统,各个学科的数据库和 48 小时的文献配送系统为 85 个成员馆的 61 万在校学生、教师及其各类人员提供服务。OhioLINK 的合作规模虽然越来越大,但是仍然以公立大学和技术学院为主(约占 52%),二年制的社区学院及专科学院其次(约占 20%),现在还没有扩及到盈利机构①。

(3) OhioLINK 联盟经费来源

OhioLINK 的经费来源主要是州政府的财政拨款。它分为两个部分:资产拨款和运作拨款。资产拨款用于支付中心系统的硬件设备和软件、网站维护、参考资料库等,运作拨款用于支付合作网中央系统的人事、办公设备、管理、软件维护、资料库签约等。此外,OhioLINK 其他的经费来源包括申请外部基金的资助和成员交纳的会员费。

(4) OhioLINK 联盟类型

美国图书馆联盟十分普及,联盟的种类也多种多样。分类的标准不同联盟的类型也各异。按联盟所涉及的地域范围可以分为:国际性图书馆联盟、全国性图书馆联盟、跨州图书馆联盟、全州图书馆联盟、地区性图书馆联盟和地方性图书馆联盟几种。按联盟所包含的图书馆类型可以分为:大学图书馆联盟、公共图书馆联盟、大学和公共图书馆联盟、专业性图书馆联盟、综合性图书馆联盟。按联盟成立的原因和开展的项目可以分为:单一目标为主的图书馆联盟和综合开展各项合作的图书馆联盟。

根据上述分类标准,结合 OhioLINK 联盟成员馆的情况,它可以分为全州性大学图书馆联盟。

(5) OhioLINK 联盟的模式

美国图书馆联盟的模式也有很多类型,具体说有松散型图书馆联盟、简单型图书馆联盟和紧密型图书馆联盟。松散型图书馆联盟没有专职的管理人员,联盟的运行完全依靠志愿者或兼职人员,这类联盟不需要成员馆交付太多经费就可以为他们提供一定的资源共享渠道和途径;简单型图书馆联盟通常只有一个仅仅对联盟负责的董事会(或委员会),同时又一些专职工作人员负责联盟的日常运行;紧密型图书馆联盟则由董事会制定总体发展规划,董事会通常是由重要成员馆的人员、用户代表、政府机构相关职能部门的代表等组成。董事会成员选举产生,分别负责各项事务的处理。

根据 OhioLINK 联盟的运行模式和机构组成看,它的联盟模式是紧密型的

---

① [2015 年 8 月 3 日] https://www.ohiolink.edu/content/governance_ and_ committees

图书馆联盟。

（6）OhioLINK 联盟的技术平台

OhioLINK 联盟把图书馆自动化系统的整合和信息资源软硬件的标准化发展作为信息基础建设的优先任务，整个俄亥俄州成员馆全部采用 Innovative Interfaces 公司的 OPAC 自动化系统，统一的电脑硬件和软件平台使得资源整合能达到最大的功效。

（7）OhioLINK 联盟的服务对象

OhioLINK 联盟的共同愿望是向广大读者提供更加丰富的信息资源，全力支援俄亥俄州高等教育的发展要求，因此主要服务对象以俄亥俄州大专院校与社区学院的教师、职员、学生和图书馆人员为主。

（8）OhioLINK 联盟服务资源

OhioLINK 联盟除了提供传统的纸质文献资源外，还注重电子资源和数据库的共享服务，包括电子图书、在线期刊、在线工具书、全文数据库、硕博士论文数据库等。此外，OhioLINK 联盟注重对数字媒体资源的收集，如数字媒体中心储存和提供各个成员馆拥有的各种各样的多媒体资源，包括艺术和建筑图像、录音录像、地图、外国语音像等，又如近年与其他机构合作成立的数字媒体院（Digital Resource Commons），是一个可提供丰富的研究、历史、教育、创作材料制作的俄亥俄州的学术社区，供全州高校储存、使用和保存各种格式的数字资料，包括录音、录像、文本、图形图像等。

（9）OhioLINK 联盟服务体系

由于 OhioLINK 联盟是全州性的大学图书馆联盟，只存在联盟中心和成员馆两级机构，因此他们所建立的服务体系仅仅是面向联盟中心——成员馆的。

（10）OhioLINK 联盟服务宗旨

OhioLINK 联盟是以俄亥俄州所有成员馆的互惠合作、资源共享为目标，因此其服务宗旨是信息资源的轻松获取和快速方便的传递，能保证在 72 小时之内将文献送到用户手中，这就是 OhioLINK 联盟承诺的 72 小时服务。

（11）OhioLINK 联盟的主要服务产品

OhioLINK 联盟的主要服务产品有六个：中央书目库（Library Catalog）、电子资料库（Research Databases）、电子杂志中心（Electronic Journal Center）、数字媒体中心（Digital Media Center）、电子图书（E - books）和电子硕、博士论文中心（Electronic Theses and Dissertations center）。以上产品均面向成员馆服务。

（12）OhioLINK 联盟的管理体系

为了清楚地认识 OhioLINK 联盟的管理体系，我们根据其机构特点描绘如下图 6-1 所示。

图 6-1　OhioLINK 联盟管理体系示意图

从上述管理体系中我们可以看出，OhioLINK 联盟的最高机构是 Governing Board，它主导全局大政方针，并委托下一个执行主任（Lead Implementers）在两个委员会的协助下主管联盟的具体运行。此外，这个管理委员会还向俄亥俄州大学校务会报告，指导俄亥俄州合作网的所有计划，制定大政方针，审批经费，审核预算。这个管理委员会由成员单位的教务长和其他领导组成。执行主任配有一套工作班子，即有一些管理人员（Managers），负责中央系统的日常工作。执行主任的工作由图书馆顾问委员会（Library Advisory Council）和技术顾问委员会（Technical Advisory Council）来协助执行；其中图书馆顾问委员会下设四个常设委员会，分别是信息资源合作管理委员会（Cooperative Information Resources Management Committee）、资料库标准及管理委员会（Databases management and Standards Committee）、校际服务委员会（Intercampus Services Committee）和用户服务委员会（User Services Committee）。

6.3　中国图书馆联盟发展现状与典型案例解析

1. 中国图书馆联盟的现状

中国图书馆主要分为公共图书馆、高校图书馆以及专业图书馆（例如中国科学院系统），这三大系统的图书馆构成我国图书馆的主要类型。中国图书馆间的合作是中国图书馆联盟的雏形，1957 年，当时的国家科学规划委员会拟订了《全国图书协调方案》，国家各个部委（主要是文化教育和科学研究）以及北京图书馆的代表和若干图书馆专家组成图书小组，直属于国务院科学规划委员会。小组确定了全国性和地区性的中心图书馆，并组成了 9 个地区性中心图书馆委员会。这 9 个地区性中心图书馆委员会主要任务是负责全国的藏书协调工作，特别是外文原版期刊的采购协调。多年来这些地区性中心图书馆委员会指导和协调着所负责地区的各个图书馆的资源建设工作，取得了显著成绩。时至今日这些地区性中心图书馆委员会仍发挥着一定作用，其实这些地区性中心图书馆委员会就是早期中国图书馆联盟。

20 世纪 80 年代，图书馆之间的合作在各个系统内部开展，尤其是高校图书馆之间的合作更加密切。由于这个时期纸质文献的价格增长较快，合作的内容就是在期刊、特别是外文原版期刊的联合采购上，这样可以降低外文原版期刊的重复订购，减少原版期刊的购置经费，同时提供采购的联合目录，开展馆际互借，提高各类文献资源的利用率。这时期的合作没有有效的制约因素，成员馆的参与和合作缺乏有效监督和协调，因此图书馆联盟成效甚微。

20 世纪 90 年代，随着网络的日益普及，以网络技术为依托出现了现代意义上的图书馆联盟。这些图书馆联盟在建设规划时把国外图书馆联盟建设的成功经验有效地和中国图书馆现状相结合，针对中国图书馆实际制订发展规划，在一些领域取得良好的效果。据网上检索和问卷调查，国内大部分图书馆联盟都是 1997 年后陆续建成的，一些图书馆联盟仍处于建设的初期，有的图书馆联盟活动的开展停留在目标和章程上。

中国图书馆联盟有很多类型，分类标准不同，联盟的类型也不同。按联盟所涉及的区域划分可以分为：全国性图书馆联盟、省级图书馆联盟、地区性图书馆联盟；按联盟所属的系统划分可以分为：大学图书馆联盟、专业图书馆联盟、综合性图书馆联盟；按联盟建设的目的划分可以分为：单一目标为主的图书馆联盟、以在线资源共享为主的图书馆联盟、以综合开展各项合作的联盟；按成员馆与联盟的紧密程度可以分为：松散型图书馆联盟、简单型图书馆联盟和紧密型图书馆联盟。

由于研究时间和研究条件的限制，我们难以将中国各类图书馆联盟进行详细分析，这里只选择和研究课题相关的中国高校图书馆联盟的一类进行解析，从高校图书馆联盟建设经验中获得启示。

我们选择的研究对象是中国高等教育文献保障系统，即我们常说的 CALIS，China Academic Library & Information System.

2. 中国图书馆联盟典型案例解析

中国高等教育文献保障系统（简称 CALIS）是经国务院批准的我国高等教育"211 工程"、"九五"、"十五"总体规划中三个公共服务体系之一，是国家经费支持的高校图书馆联盟，其建设水平基本代表了我国高校图书馆联盟的总体水平①。

（1）CALIS 联盟成立动机及目标

CALIS 于 1998 年 11 月正式成立。当时中国高校图书馆各个馆资源自我保障模式的弊端日益突出，面对信息资源的激增，使得本来就捉襟见肘的经费更加难以满足读者对信息资源的需求，加上网络环境业已形成，通过网络获取资源变得相对简单，图书馆联盟成立的条件已经成熟，因此 CALIS 成立。CALIS 的宗旨是，在教育部的领导下，把国家的投资、现代图书馆理念、先进的技术手段、高校丰富的文献资源和人力资源整合起来，建设以中国高等教育数字图书馆为核心的教育文献联合保障体系，实现信息资源共建、共知、共享，以发挥最大的社会效益和经济效益，为中国的高等教育服务。

由于联盟成立动机、合作的目的不同，联盟的目标也就有所差异：CALIS 以建设以中国高等教育数字图书馆为核心的教育文献联合保障体系，实现信息资源的共建、共知、共享为目标，可以说是重在"建"。

（2）CALIS 联盟成员

CALIS 的成员以全国高校图书馆为主，亦含其他信息服务机构，目前参与 CALIS 项目建设和获取 CALIS 服务的成员馆已有超过 500 家。成员馆可以分为核心成员馆和一般成员馆，其中以共享成果为主的成员馆有 400 多家，承担共建任务的成员馆有 90 多家，其他行业的成员馆有 7 个。总之，CALIS 成员馆以全国高校图书馆为主，其他信息服务机构为辅所组成，其范围已经

---

① ［2015 - 8 - 15］ http：//project. calis. edu. cn/calisnew/calis_ index. asp？fid = 1&class = 1

扩及到盈利机构。

（3）CALIS 联盟经费来源

CALIS 的经费主要来自中央政府的资助，全国中心图书馆与地方高校图书馆有相应的配套资金加以支持。

（4）CALIS 联盟类型

根据不同的标准，图书馆联盟可以有不同的类型。例如，按联盟多涉及的地区分为国际性、全国性等；按联盟所包含的图书馆类型来分，可以分为大学图书馆联盟、公共图书馆联盟等。而 CALIS 的目标是建设以中国高等教育数字图书馆为核心的教育文献联合保障体系，其会员包括全国的大多数高校图书馆，可见，它是全国性的大学图书馆联盟组织。

（5）CALIS 联盟的模式

我国图书馆联盟的模式有多种多样，既有非常松散的，其目的就是为了降低费用而合作购买数据库使用权而组织起来的联盟，也有组织严密、设有专职人员、共享自动化系统并开展多项活动的集中式图书馆联盟。由于 CA-LIS 需要形成全国、地区和高效三级联合文献保障体系，使得资源比较分散，因此采用的是分散式资源管理模式。

（6）CALIS 联盟的技术平台

CALIS 的成员馆多达 500 多家，其规模差异很大，既有大型的现代化图书馆，也有一些现代化程度较低的小型图书馆，无法采用统一的系统。但是为了联盟工作的进行，CALIS 制定了统一的标准规范、统一管理和服务的方法来实现资源的整合。

（7）CALIS 联盟的服务对象

从目前的服务情况看，CALIS 的服务对象以高效教师、行政人员和学生为主，此外还包括其他信息服务机构的人员。

（8）CALIS 联盟服务资源

相对于 OhioLINK 联盟所提供的多元化资源，CALIS 只提供印刷资源和数据库资源，其中以数据库资源为重点，通过引进数据库子项目，联合购买国外数据库和电子文献来缓解我国外文文献长期短缺，无从获取或迟缓的问题，推动高校科研和教学的进步。CALIS 联盟通过各个数据库子项目的建设，设计构建了公共统一检索平台，按照统一的建库标准和服务功能要求，建成一批具有中国特色、地方特色、高等教育特色和资源特色、服务于高校教学科研和国民经济建设、方便实用、技术先进的专题文献数据库。

（9）CALIS 联盟服务体系

CALIS 联盟根据我国学科分类，在北京建立了文理、工程、农学、医学 4 个全国性文献信息中心，构成 CALIS 资源保障体系的第一层；在我国 8 所"211 高校"建设了 8 个地区性文献信息中心，构成了 CALIS 保障体系的第二层；在未设全国中心和地区中心的省市建立 15 个省级文献信息中心，构成课 CALIS 保障体系的第三层；CALIS 保障体系的第四层就是各个成员馆了，目前 CALIS 的服务已经面向全国所有高校。

（10）CALIS 联盟服务宗旨

CALIS 联盟的服务宗旨是建设以中国高等教育数字图书馆为核心的教育文献联合保障体系，实现信息资源的共建、共知、共享。

（11）CALIS 联盟的主要服务产品

CALIS 的主要产品有以下几个：联合目录数据库、引进数据库、高校学位论文库、专题特色数据库、重点学科导航库、教学参考信息库、虚拟参考咨询、数字图书馆门户和 CCC 西文期刊目次数据库（CALIS Current Contents of Western Journals）等，各个数据库的服务对象成员馆。需要说明的是 CALIS 的数字图书馆门户服务，它包括数字图书馆门户网站和门户构建平台，其中数字图书馆门户网站是面向全国高校的服务平台，以全方位、个性化方式提供综合信息服务、统一用户管理、会员管理，在线应用培训、电子资源导航、门户个性化定制工具、集成化服务接口等；数字图书馆门户构建平台，通过提供"自定义、积木式、个性化"的系统建设流程和功能模块，为各个高校提供一套数字图书馆门户服务网站的构建工作，高校用户用此平台通过二次开发能够方便、快捷地构建自己个性化的门户服务网站系统。

（12）CALIS 联盟的管理体系

CALIS 联盟的管理中心设在北京大学图书馆，负责 CALIS 专题项目的实施和管理。CALIS 管理中心设有专业中心和工作组，负责某一专题的工作，包括联机编目和技术两个专业中心；一个引进资源工作组和研发部、系统运行部、业务发展部、办公室四个工作部门。联机编目中心具体负责推进多语种多资料类型联合目录数据库和联机合作编目资源共享系统的建设，为全国高校的教学科研提供文献资源网络公共查询。技术中心负责技术开发和技术服务，为 CALIS 成员馆提供全方位的技术解决方案和技术服务。引进资源工作组的职能是对"十五"期间引进数据库经费的使用提出建议，参与制定引进资源计划，共同磋商各类资源的引进和开展引进资源评价指南、数据库培训等方面的工作等。研究开发部负责 CALIS 公共服务系统的研制开发与委托开发管理。业务发展部是负责 CALIS 对外宣传、资源和资产运作的部门。系统运行部具体负责 CALIS 共享系统的运行维护。办公室负责对全国中心、各地区中心及各省中心的管理，负责 CALIS 的宣传、行政事务管理，以及对外交流与合作。此外，CALIS 还设置有专家委员会，其成员由 CALIS 管理中心根据工作需要推荐，由 CALIS 领导小组聘任，受管理中心领导。专家委员会根据 CALIS 的发展需要，开展相应的调查研究，并协助 CALIS 管理中心制订相关的发展规划和工作方案、技术方案，负责对 CALIS 各项工作的评估。委员由系统内外的图书情报专家、信息技术专家组成，具体又划分为三个组，即发展规划和评估组、资源发展组和技术咨询组。

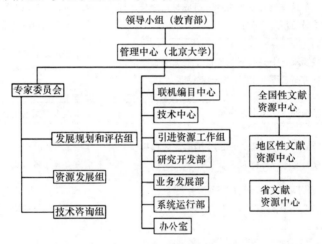

图 6-2　CALIS 联盟管理体系示意图

6.4　中美图书馆联盟比较研究及启示

1. 中美大学图书馆联盟比较

为了对中美大学图书馆联盟进行直观比较，我们将上述现状调研结果利用表格的形式阐述如表 6-1 所示（以 CALIS 联盟和 OhioLINK 联盟为例）

表 6 – 1　中美大学图书馆联盟比较（以 CALIS 联盟和 OhioLINK 联盟为例）

	CALIS 联盟	OhioLINK 联盟
成立动机及目标	中国高校图书馆各馆资源自我保障模式的弊端日益突出，为解决经费不足、一些文献利用率低以及网络环境下信息资源的获取而成立。　　目标是建设以中国高等教育数字图书馆为核心的教育文献保障体系，实现信息资源的共建、共知、共享。	在全州共同的图书馆自动化系统基础上，解决大学图书馆经费短缺和典藏空间不足的问题，实现图书馆合作和信息资源的共享。　　目标是连接所有成员馆的自动化系统联合编制目录，提高馆际互借服务的效率。
联盟成员	除高校图书馆外，还包括其他信息服务机构，成员馆有核心成员馆和一般成员馆之分，目前成员馆超过 500 家。	现有成员馆包括公立大学图书馆、社区及技术学院的图书馆、私立大学图书馆以及俄亥俄州图书馆。
联盟经费来源	主要来自中央政府的资助，全国中心图书馆与地方高校图书馆配套资金支持。	主要靠州政府的财政拨款，其他的包括申请外部基金的资助或者成员馆分担。
联盟类型	全国性大学图书馆联盟	全州性大学图书馆联盟
联盟的模式	分散式资源管理，形成全国、地区和高校三级联合文献保障体系。	集中式资源管理，但是图书馆目录信息分置于各个成员馆。
联盟的技术平台	多平台、多系统	采用统一的自动化系统；INNOPAC
联盟的服务对象	以高效教师、行政人员和学生为主，此外还包括其他信息服务机构的人员。	以俄亥俄州大专院校与社区学院的教师、职员、学生和图书馆人员为主。
联盟服务资源	纸质文献和数据库	纸质文献、电子文献、数据库、多媒体资源
联盟服务体系	四个层次的服务体系	只存在联盟中心和成员馆两级机构
联盟服务宗旨	建设以中国高等教育数字图书馆为核心的教育文献联合保障体系，实现信息资源的共建、共知、共享	信息资源的轻松获取和快速传递，确保在 72 小时之内将用户所需文献送到用户手中

续表

	CALIS 联盟	OhioLINK 联盟
联盟的主要服务产品	联合目录数据库、引进数据库、高校学位论文库、专题特色数据库、重点学科导航库、教学参考信息库、虚拟参考咨询、数字图书馆门户、西文期刊目次数据库	中央书目库、电子资料库、电子杂志中心、数字媒体中心、电子图书馆、电子博硕论文中心
联盟的管理体系	设管理中心和工作组，包括联机编目和技术两个专业中心；一个引进资源工作组和研发部、系统运行部、业务发展部、办公室四个工作部门。	一个管理委员会主导全局大政方针，并委托一个执行主任在两个委员会的协助下主管合作网的具体运行

2. 中美大学图书馆联盟建设的启示

（1）完善的管理体系是联盟发展的根本保障

从上述比较可以看出，不论是中国高校图书馆联盟还是美国大学图书馆联盟，其完善的管理体系是联盟建设的根本保障，实用而有效的管理机构是图书馆联盟成功的重要因素。任何联盟的建设都要注重管理机构的合理设置，不仅要设置完整的职能机构，还要对重要的专门项目设置固定人员来履行，这样才能保证项目的顺利实施和完成。各个部门要分工明确，各司其职，并且建立有效的监管机构，对联盟的运行进行有效的监督和管理。这个监督管理既包括了联盟项目的开展和实施的监管，也包括联盟资金的流程的监管，以便使政府资金及成员馆的利益不受损失。同时要设立反馈机制，收集反馈意见，对联盟的服务进行效益评价和分析统计，为联盟项目的开展和改进提供数据参考。

此外，在管理体系建设初期就要考虑工作人员的知识背景和专业能力，注重机构人员的多元化，既有图书情报专业人员的参加，也有信息技术方面的专家，还有多方专家组成的评估工作组，开展相应的调查研究，并协助管理机构制订相关的发展规划和工作方案、技术方案，负责对各项工作的评估。

（2）稳定的资金来源是联盟生存发展的物质基础

不论是中国大学图书馆联盟还是美国大学图书馆联盟，其启动和正常运行都需要一定的资金做保障，没有资金的支持，再强大的联盟也无法开展工作。通常联盟的资金来源有几个主要渠道：政府拨款、成员馆交纳的会费、一些资助和捐赠等，而政府拨款则是联盟资金的主要来源。因此要求政府决策层对联盟建设要从开始就加强管理和监督，在整个联盟建设和发展过程中发挥重要作用。

（3）图书馆联盟建设的目的就是为用户提供优质服务

如何在信息的汪洋大海中方便、及时地获取尽可能多的有用信息已经成为现代社会人们的共同需求，图书馆一直是人们查找信息的重要窗口和前沿阵地。但是在信息社会，学术的繁荣发展、信息的激增、各种信息源如雨后春笋般涌现，使得任何一个图书馆都不能单凭自己一个馆的实力来满足用户信息的需求。这就要求图书馆必须通过各种规模和范围的馆际合作与资源共享来满足用户的多元化信息需求。长期以来图书馆界一直在努力探索和实践图书馆之间的合作和资源共享的有效途径，并取得了一些成功经验，图书馆联盟就是解决这个问题的有效途径和方法。中国 CALIS 虽然以减少中国高等教育数字图书馆为核心的教育文献保障体系，实现信息资源的共建、共知、共享为目标，但是其根本目的仍然是为了更好地满足用户的多元化信息需求。美国的 OhioLINK 是在全州共同的图书馆自动化系统的基础上，解决大学图书馆经费短缺和典藏空间不足的问题，从而实现图书馆合作和资源的共享，最终目的还是满足师生员工及其他用户对图书和信息的需求。

（4）标准和规范是图书馆联盟建设的前提

标准化是图书馆联盟实现信息资源共享的必要前提，是为了减少甚至消除文献工作中的无序和重复加工，提高工作效率，达到规范化、标准化、系列化和统一化，从而实现文献信息的交流和共享。没有统一的数据和技术标准，资源共享只能是纸上谈兵，共知、共建也是空谈。所以图书馆联盟的一个重要职能就是成员馆通过联机编目，共享各个馆的馆藏数据，以减少书刊编目工作中的重复劳动，提高编目效率和书目数据库的质量，实现书目数据的共享。这就要求至少是同一个图书馆联盟的成员馆要使用相同的软硬件规格和标准，克服数据库建设零星分散的现象，从而为联盟内数据资源的共享奠定基础，提供保障。

参考文献

［1］　肖容. 对我国图书馆联盟建设的思考——基于国外图书馆联盟的经验［D］. 成都：西南财经大学，2009 年.

［2］　刘光容. 解读图书馆联盟的组织模式与运行机制［J］. 情报杂志，2007（6）：122 – 123，121.

［3］　强自力．现代图书馆联盟兴起的成因及特点［J］．情报杂志，2005，（7）：118 – 119. 122.

［4］　赖朝新．中美图书馆联盟比较研究［D］．成都：四川大学，2005.

［5］　http：//project. calis. edu. cn/calisnew/calis_ index. asp？fid = 1&class = 1

［6］　https：//www. ohiolink. edu/content/governance_ and_ committees

第 7 章　LDSA 创新体系设计与实现

LDSA 全称为 Library Discipline Service Alliance，即图书馆学科服务联盟，它是图书馆学科服务发展到一定程度后所形成的一种服务联盟，是学科服务成熟和较为完善的形式之一。LSDA 创新体系的设计是基于中外图书馆联盟的发展的基础之上，借助于图书馆联盟的理论与实践发展起来的。LSDA 创新体系框架的构建在很大程度上依赖于信息技术，可以说信息技术的发展水平决定了学科服务的服务水平。对于图书馆来说这并不是一次简简单单的硬件的投入或改造，而是一次传统图书馆服务模式和服务体制以及运行管理模式上的根本性变革。

7.1　LDSA 创新体系的理论基础

1. 中国图书馆联盟理论是 LDSA 创新体系的指导思想

LDSA 创新体系的理论基础首先得益于图书馆联盟理论的形成和发展。

我国的图书馆联盟基于资源共享理念的形成和发展。图书馆联盟发展的初衷与实现的最终目标都是资源共享，因此资源共享理论无疑是图书馆联盟的理论基础。"资源共享"的理念经过了几个阶段的发展，图书馆联盟的理论也随着资源共享理论的发展而逐步成熟和完善。资源共享是图书馆联盟形成的最初动机，资源共享就意味着每一个图书馆不必购买所有的文献资源，把图书馆原来的存储和积累文献资源的这一类的基本功能转变为选择积累文献资源的基本功能，这就必须在合作、共享的发展框架里方可实现。这种集单个图书馆力量形成的整体利益及共同分担费用以降低成本的经济行为，使得共享资源、提高资源利用率成为可能。图书馆联盟机制不仅为世界图书馆界作出了巨大贡献，也为构建 LDSA 框架提供了宝贵经验，在构建 LDSA 创新体系中，图书馆联盟机制就是该体系的指导思想。

2. 系统论思想是 LDSA 创新体系的理论基础

（1）系统论的基本思想

贝塔朗菲（L Von Bertalanffy，美籍奥地利生物学家）作为系统论的主要创立者，在 1945 年发表了《关于一般系统论》的论文，从此系统论这门新的学科诞生了。在他的论文里阐述了这样几个观点，这也是系统论的基本观点。他认为，系统由许多要素组成，各要素之间通过一定的组织结构、层次、形式相互联系、相互作用，并在系统中发挥各自的功能作用，以取得系统的最佳效果。系统论的核心思想是它的整体观念，在系统中由于各要素的协同作用，系统整体的功能往往大于各自孤立部分的功能之和。系统的功能不仅取决于其组成要素，而且取决于结构。这就是说同样的要素，如果相互结合的方式不同，性质就会表现出很大的差异，这就像化学中的同分异构和同素异形体现象。此外，系统与环境的关系很密切，环境变化对系统功能影响甚大。系统论的基本思想就是把所有研究和处理的对象看做一个系统，分析系统的机构和功能，研究系统、要素、环境三者的关系和变动的规律性。

在 20 世纪 70 年代，系统论理论得到了进一步发展，出现了耗散结构理论、协同论、突变论，人们将之成为"新三论"，其中协同论对 LDSA 体系的构建有重要的指导意义。形成于 20 世纪 70 年代初期的协同论是物理学家哈肯创立的一门研究系统自组织理论的新学科，它着重探求系统的有序结构是如何通过自组织方式而形成的。该理论试图找到一个能对系统结构的自发形成起支配作用的原理。哈肯在研究中发现有序结构的出现不一定要远离平衡，他强调了系统内部要素之间协同动作的重要性，从而把内因引入到系统演变中来。他认识到"熵"概念的局限性，提出了"序参量"的概念。"序参量"是系统通过各要素的协同作用而形成的，同时它又支配着各个子系统的行为。因此，序参量是系统从无序到有序变化发展的主导因素，并决定着系统的自组织行为。当系统处于混乱的状态时，其序参量为零；当系统开始出现有序时，序参量为非零值，并且随着外界条件的改善和系统有序程度的提高而逐渐增大，当接近临界点时，序参量急剧增大，最终在临界区域突变到最大值，导致系统不稳定而发生突变。序参量的突变意味着宏观新结构出现。

（2）系统论与图书馆 LDSA 创新体系

图书馆 LDSA 创新体系有一般系统的几大基本特征：

第一，图书馆 LDSA 创新体系具有集合性。图书馆 LDSA 创新体系是由至少两个图书馆组成，通常这个体系都是由多个同类型或不同类型的图书馆组成的。

第二，图书馆 LDSA 创新体系具有整体性。图书馆 LDSA 创新体系是一个通过正式协议或合同将多个图书馆组织起来的一个图书馆服务团体，尽管有多个成员馆组成，但是由于有同一个合同约束，所以形成了一个不可分割的服务团体。

第三，图书馆 LDSA 创新体系具有层次性。即各个成员馆或参与馆在这个创新体系中的地位不同，所起的作用也不相同，承担的任务和完成的指标也不尽相同，这就是系统论的层次性。

第四，图书馆 LDSA 创新体系具有目的性。该体系以图书馆联盟基础理论为指导，整合各成员馆的学科服务资源，构建图书馆 LDSA 创新体系平台，面向各类用户提供科研支撑服务，利用互联网实现服务共享。

图书馆 LDSA 创新体系应由具有独立法人资格的图书馆或信息机构组成，也就是说它的成员馆各自具有独立性，而且在图书馆 LDSA 创新体系运行过程中将遇到各种意想不到的问题，所以要将图书馆 LDSA 创新体系置于系统化的思维框架中，分析其结构和功能，对各个成员馆和环境因素进行全面深入地考察，探讨其协调运行的内在机制，才能从整体上优化图书馆 LDSA 创新体系，促进其整体效益的发挥。

构成 LDSA 创新体系的各个子系统是有机地联系在一起的，因此在 LDSA 创新体系运作过程中要注重各成员馆之间的协调。LDSA 创新体系是由一组彼此独立的图书馆或信息机构通过正式的协议或合同组织起来的，各参与馆之间没有一定的隶属关系，但它们对 LDSA 创新体系来讲却是一个个子系统，正确处理好这些子系统之间的关系是保证 LDSA 创新体系这个大系统正常运行的必要条件。LDSA 创新体系的最终效果不是各子系统运行效果的简单叠加，而应该是各系统的合力，这个合力远远大于各系统的效果总和。LDSA 创新体系的运行涉及到各个成员馆和一些相关领域，各成员馆之间彼此独立，又相互联系。因此，要运用系统的观点来考虑 LDSA 创新体系和各个成员馆之间的关系，正确更多的成员馆提供更多学科资源与服务，以推动 LDSA 创新体系的全面发展。

协同论原理为我们探讨 LDSA 创新体系各成员馆在学科服务活动中的协同作业提供了理论基础。LDSA 创新体系是一个复杂的多元系统，由许多具有不同功能属性的子系统组成，各个子系统通过协同的作用不断协调其内部联系，直至达到一个相对稳定的状态。LDSA 创新体系表现为一个具有一定功能的、有序的自组织结构。这个自组织结构是动态的，会随着各子系统间不断的相互作用发生变动较小的微调，或者是在外部环境刺激的条件下发生根本性的变革，但是总能达到一种相对稳定的状态并具有一定的功能属性。LDSA 创新体系的协同是表征系统内部各要素或者子系统之间相互作用的特殊方式，经过一系列的运动变化过程，最终达到一个动态的有序状态，此时就表现为 LD-SA 创新体系的系统形成特定结构的趋势及其保持结构的稳定性。这种协同和趋向于有序的过程正是通过 LDSA 创新体系的系统（其要素及子系统）与外界环境要素进行联系、反馈和控制实现的，从相对无序到相对有序，从低级有序到高级有序的动态演化过程。

3. 组织行为学理论是 LDSA 创新体系的管理保障

（1）组织行为学概述

组织行为学产生于 20 世纪 60、70 年代，目前仍处于一个不断探索和发展中的科学研究领域，通过我们对国内外著名数据库的文献检索发现，目前国内外组织行为学研究方面比较有代表性的观点有很多，综述如下。

安德鲁·J·杜布林观点：安德鲁·J·杜布林（Andrew·J·Dubrin）任职于美国罗切斯特理工学院（Rochester Institude of Technology）的商学院，教授课程并指导管理学、组织行为学、领导学和职业管理学方面的研究。该观点认为组织行为学是系统地研究组织环境中所有成员的行为，以成员个人、群体、整个组织及其外部环境的相互作用所形成的行为作为研究对象[1]。

斯蒂芬·P·罗宾斯观点：斯蒂芬·P·罗宾斯（Stephen P. Robbins）是美国著名的管理学教授和组织行为学的权威，他在亚利桑那大学获得博士学位，曾就职于壳牌石油公司和雷诺金属公司，有着丰富的实践经验，并先后在布拉斯加大学、协和大学、巴尔的摩大学、南伊利诺伊大学、圣地亚哥大学任教。他认为组织行为学是系统地研究组织中所表现出来的行为和态度[2]。

西拉伊和华莱士观点：西拉伊（Szilagyi, Andrew D.）和华莱士（Wallace, Marc J.）是美国著名的管理学专家，他们在联合撰写的《组织行为学》一书中指出，组织行为学是研究组织和群体对工作人员的观念、情感和活动的作用；研究环境对组织及其人力资源，以及工作目标的作用；也研究工作

---

① http://baike.baidu.com/link? url = EyRAbctyDTRyPekVnvy4DfQK8rXLp5

② http：//wenku.baidu.com/link? url = gvK1 – eq – oCOX – elZbhQ7ppnwS0b7hCW

人员对组织的作用的科学①。

蒙特利尔大学的乔·凯利提出了"组织行为学是对组织的性质进行系统的研究；组织是怎样产生、成长和发展的，它们怎样对各个成员、对组成这些组织的群体、对其他组织以及对更大些的机构发生作用"的观点②。

综合以上各个观点，国内学者孙优萍和谢军波将组织行为学定义为：综合运用管理学、心理学、社会学、人类学、经济学、生理学等许多种学科的知识，分析研究组织成员个人、群体的心理、态度、行为规律、及整个组织与其外部环境的相互作用所形成的行为规律，以提高工作绩效的科学③。

伊万切维奇（Ivancevich）等人从多学科视角考察组织行为学，指出了以下要点：首先，组织行为学是一种思考方式。行为分为个体、群体和组织等不同层面，因此在研究组织行为学时，必须明确分析的层次是个体、群体还是组织。第二，组织行为学具有多学科性。这意味着在研究过程中，组织行为学需借用其他学科的原理、模型、理论和方法。组织行为学并不是具有已被确认的理论基础的学科或被普遍接受的科学，它是一个地位和影响正在成长和发展的领域。第三，组织行为学具有独特的人本导向。人及其态度、认知、学习能力、情感和目标对组织有重要影响。第四，组织行为学领域是绩效导向。为什么绩效有高有低？如何改善绩效？在职培训能提高绩效吗？这些对一个组织来说是非常重要的问题。第五，由于组织行为学领域对得到确认的学科有很强的依赖性，在研究变量和因果关系时，科学方法的作用就显得十分重要。最后，该领域具有独特的应用导向。它为组织管理实践中出现的问题提供有益的答案。

（2）组织行为理论与 LDSA 创新体系

① LDSA 创新体系具有组织行为学中的组织的基本特征

首先 LDSA 创新体系具有组织行为理论中所论述的"组织特征"。LDSA创新体系是一个组织，它由不同的成员馆构成的，为了达到共同的目标——服务共享和资源共享，满足高校学科建设和发展需要，满足高校知识转化为生产力的需要而形成的一个完整的有机整体，它存在于现代信息社会和网络环境中，是一个与环境相互作用的开放系统。总而言之，LDSA 创新体系具有

---

① http：//wenku. baidu. com/link？ url = 9TF － HFRBibdc ＿ 6Burm0KUcZsmUUd8W6MmvvilK4Xd2EFEkVaL90Pj

② http：//wenku. baidu. com/link？ url =9TF － HFRBibdc＿ 6Burm0KUcZsmUUd8W6MmvvilK4Xd2E

③ 孙优萍，谢军波. 组织行为学［M］. 杭州：杭州大学出版社，2007：18 － 19

以下组织特征：

第一，LDSA 创新体系具有目标导向性。这就是说参与 LDSA 创新体系的图书馆主要是高校图书馆都具有具体明确的目标：充分发挥 LDSA 创新体系的共享作用，利用其他馆的资源和服务弥补本馆的不足，以便节省资金，节约经费，做到事半功倍。

第二，LDSA 创新体系具有灵活性。LDSA 创新体系的利益归属于参与合作的各个成员馆，参加 LDSA 创新体系的建设是高校图书馆追求资源共享、服务共享、利益共享的一个重要手段和方法。LDSA 创新体系的有机系统在合作中保持相对的独立性，针对 LDSA 创新体系所发起的每一项活动，成员馆有权选择是否参与。而且成员馆也可以选择随时退出这个体系，这充分体现了 LDSA 创新体系的灵活多变性的组织特征。

第三，LDSA 创新体系具有再次整合性。LDSA 创新体系的有机整体集合了各个不同层次和不同类型的图书馆，在整体运作过程中需要对各个成员馆的技术、学科资源、学科服务、学科馆员等各种资源进行重组和整合，以便使 LDSA 创新体系的构建更加合理有效，从而更好地实现既定目标，满足不同用户在从事科研活动中对信息资源的需求和学科文献的需求。

第四，LDSA 创新体系具有相对稳定性。这也是组织行为的一个重要特征。任何事物都有一个生命周期，LDSA 创新体系也不例外。参与合作的成员馆按照拟订的合同契约或其他具有法律作用的协议来安排成员馆履行义务和承担责任，这既是整合各种资源的需要，也是实现既定目标的需要。在某一项活动中，参与合作的成员馆不仅为 LDSA 创新体系共享自己的力量，也从中获益。只有保持付出与回报成稳定比例，LDSA 创新体系才能按照既定目标，在正确轨道上稳定发展。

② 组织行为学对 LDSA 创新体系的影响

组织行为学对 LDSA 创新体系的影响体现在三个层次：个体、群体和组织。其中比较重要的作用在于指导 LDSA 创新体系的构建，达到个体、群体和组织的目标保持协调一致，并最终实现组织的目标。在 LDSA 创新体系构建过程中，个体可以看做是参与建设 LDSA 创新体系的各个成员馆的学科馆员，群体可以看做是参与构建的成员馆，组织则是指 LDSA 创新体系本身。

具体说，组织行为学对 LDSA 创新体系的影响作用在于：将组织的目标在 LDSA 创新体系内部进行广泛的沟通和交流，以使每个参与其中的学科馆员个人和群体（成员馆）充分了解，激发他们的主动性，进而将组织的目标分解为群体和个体的目标。在 LDSA 创新体系的管理过程中，应实行参与式的民主管理方式，如在 LDSA 创新体系制度的制定、绩效评估指标体系的建立等方面。LDSA 创新体系不仅规范成员馆的行为，为其规划出一个合理的受约束范围，同时，也鼓励和保障成员馆在这个范围中的各种共享活动，保证成员馆的利益；而评估指标是 LDSA 创新体系目标的量化与细化，如果馆员参加了评估指标和评估标准的制定，自然也就理解并能接受联盟的目标。实践证明，参与管理所带来的合作精神可以使各级馆员及成员馆团结起来，一致努力达到 LDSA 创新体系的目标。

4. 博弈论是 LDSA 创新体系的决策基础

（1）博弈论概述

博弈论（Game Theory）又称对策论，既是现代数学的一个新分值，又是运筹学的一个重要学科。博弈论思想自古有之，它是指二人在平等的对局中各自利用对方的策略变换自己的对抗策略，以达到取胜的目的；中国的《孙子兵法》可以说在某种程度上就是一部最早的博弈论著作。博弈论最初主要研究对象是象棋、桥牌、赌博中的胜负问题，人们对博弈局势的把握仅仅停留在经验上，那时没有在理论层面上开展研究，因此那时的博弈论没有自己的理论基础①。

近代对于博弈论的研究开始于 20 世纪初期。1928 年，冯·诺依曼（Von Neuman）证明了博弈论的基本原理，从而宣告了博弈论的正式诞生。1944 年，冯·诺依曼和摩根斯坦共著的《博弈论与经济行为》这个著作，具有划时代意义，将二人博弈推广到 N 人博弈结构并将博弈论系统地应用到经济领域，从而奠定了博弈论的基础和理论体系。

1950 年～1951 年，约翰·福布斯·纳什（John Forbes Nash Jr）利用不动点丁琳证明了均衡点的存在，为博弈论的一般化奠定了坚实的基础。纳什开创性的论文"N 人博弈的均衡点"（1950 年发表）、"非合作博弈"（1951 年发表）等等，给出了纳什均衡的概念和均衡存在定理。此外，莱因哈德·泽尔腾（Reinhard Selten）②、约翰·海萨尼（JohnC. Harsanyi）③ 的研究也使得博弈论不断成熟和发展并进入实际应用领域。

近年来，博弈论作为分析和解决冲突与合作的工具，在管理科学、国际

---

① ［2015 - 9 - 7］http：//baike. baidu. com/link? url = cU9sjgelYH_ 5SZ2Ac65jIj
② ［2015 - 9 - 7］http：//baike. baidu. com/view/718569. htm
③ ［2015 - 9 - 7］http：//baike. baidu. com/view/946333. htm

政治、生态学、计算机科学、军事战略和其他很多学科都有广泛的应用。其中莱因哈德·泽尔腾（Reinhard Selten）和约翰·海萨尼（JohnC. Harsanyi）还因为他们在博弈论中的突出贡献获得 1994 年经济学诺贝尔奖。因此有的学者指出：博弈论是 20 世纪社会科学最重要的成果之一，可以和自然科学遗传基因 DNA 双螺旋结构的阐述相媲美。由此可见博弈论的学术贡献举足轻重。

（2）博弈论基本原理

博弈论是一门关于决策者在对决策结果没有完全信息和互动条件下做出理性决策的理论。所谓"互动"是指这样一种情况，任何决策者决策的结果不仅取决于其自身采取的策略，还取决于其他人采取的策略。在这样的决策中，一个决策主体的选择受制于其他决策主体的选择，又反过来影响其他决策主体的选择。一个理性的决策主体应有一个很好定义的偏好，应充分考虑其他理性的决策主体各种可能的行动方案，并力图选择符合其偏好的最有利或最合理的方案。决策主体采取这样的决策行为所达到的均衡是对各决策主体都最合理的选择，即给定其他决策人选择均衡所规定的选择时，任何一个决策人若偏离均衡所要求其做出的选择，则其利益将受到损害。因此，均衡是预测决策主体在博弈中的理性行为的关键。简单地说，博弈论是研究决策主体在特定信息结构下如何决策以最大化自己的效用，以及不同决策主体之间决策均衡的问题。博弈论是关于多人决策问题的理论，其实质是研究人的行为，并假定人是理性的。

信息和时序在博弈论分析中具有十分重要的作用。在博弈中，信息决定参与人的战略空间和最优战略选择；时序，即参与人决策的先后顺序，对博弈的均衡有直接的影响。按照参与人对其他参与人的特征、战略空间、支付的信息是否了解，博弈可以分为完全信息博弈和不完全信息博弈。按照参与人行动时序的选择，博弈可以分为静态博弈和动态博弈，静态博弈是指参与者同时采取行动，或者尽管参与者行动有先后，但后行动的人不知道先行动的人采取何种行动；动态博弈是指双方的行动有先后顺序，并且后采取行动的人知道前人所采取的行动。

博弈论也可以分为合作博弈与非合作博弈，两者的区别主要在于：人们的行为相互作用时，行为主体能否达成一个具有约束力的协议，如果能，就是合作博弈，反之则是非合作博弈。非合作博弈中假设个体理性，即参与人是具有完全理性和有限理性的，以个人得益的最大化为目标，而合作博弈是兼顾个体利益和集体利益的最大化，在有约束力的协议下，参与人采取符合集体利益最大化而不符合个体利益最大化的行为时，能够得到有效补偿，个体利益和集体利益之间的矛盾可以被克服，从而使集体理性决策和行为成为可能。合作博弈强调的是集体主义、团体理性，是效率、公平、公正；而非合作博弈则强调个人理性、个人最优决策，其结果是有时有效率，有时则不然。

（3）博弈论与 LDSA 创新体系

博弈论是个人或组织面对一定的环境条件，在一定的规则约束下，依靠所掌握的信息，从各自选择的行为或是策略进行选择并加以实施，并取得相应结果或收益的过程。作为一种研究范式，博弈论在 LDSA 创新体系实践中起着一定的指导作用。

LDSA 创新体系构建的目标为服务贡献和资源共享，整个 LDSA 创新体系的服务过程其实也是具有理性的参与馆之间的博弈过程。图书馆之间形成的学科服务联盟需要达成一个具有约束力的协议，因此 LDSA 创新体系对各参与馆来讲应该是一种合作博弈，从不合作到合作，从非合作博弈到合作博弈，是具有理性的参与馆策略不断选择的过程。合作博弈就需要各参与馆兼顾个体利益和集体利益的最大化，一旦个体利益由于集体利益受到损失能够得到有效补偿，个体利益和集体利益之间的矛盾可以被克服，从而使集体理性决策和行为成为可能，而在其中联盟的形成、成本的分担、利益的分配是合作博弈中最重要的几个问题。

在具体的 LDSA 创新体系构建过程中，理性的参与馆有可能为了本图书馆自身利益而违反协议的规定，从而产生 LDSA 创新体系构建和服务过程中的"囚徒困境"问题，这就需要用博弈原理来分析这种违规做法给成员馆带来的弊端；参与 LDSA 创新体系构建的图书馆规模不同，有大型图书馆也有小型图书馆，而对于大小图书馆如何合作的问题涉及到又一个经典博弈——智者博弈，如何运用智者博弈对大小图书馆的资源共享进行分析，以找出该博弈模型对资源共享效果的影响，并进而运用激励机制促进大小图书馆的合作也是 LDSA 创新体系在管理过程中需要关注的问题；在 LDSA 创新体系的资源共建共享活动中，由于资源共建的费用分摊机制不健全、信息沟通不顺畅，导致个体图书馆没有动力去参与信息资源共建，从而使信息资源面临着重复建设问题，很难形成"斗鸡博弈"均衡，那么如何利用博弈分析方法来协调 LDSA 创新体系中成员图书馆之间的利益关系，探讨共享信号的正确传递问题，并通过合理的协调机制来避免信息资源的重复建设也是 LDSA 创新体系运行过程中需要考虑的重要问题。

7.2　LDSA 创新体系的组织形式

LDSA 创新体系的构架是一个分区域、分学科的层次结构，是图书馆联盟的创新体现，是以学科馆员为主体、以服务为目的的服务联盟。

分区域是按照中国地理区划中的六大地理分区来进行分区域，即华北地区（北京市、天津市、河北省、山西省、内蒙古自治区）、东北地区（辽宁省、吉林省、黑龙江省）、华东地区（上海市、江苏省、浙江省、安徽省、福建省、江西省、山东省、台湾地区）、中南地区（河南省、湖北省、湖南省、广东省、广西壮族自治区、海南省、香港特别行政区）、西南地区（重庆市、四川省、贵州省、云南省、西藏自治区）、西北地区（陕西省、甘肃省、宁夏回族自治区、新疆维吾尔自治区）。其中每个地区的一些省份因为研究条件的限制，并没有列入本课题的研究对象之中，例如台湾和香港的高校图书馆、西藏和新疆的高校图书馆等①。

分学科是按照《中华人民共和国学科分类与代码国家标准》（GB/T13745–2009）中的学科分类进行划分的。而我们构建 LDSA 创新体系时则使用了学科 A、学科 B、学科 C 等来代替学科分类中的各个学科，这不影响 LDSA 创新体系的构建和管理。

LDSA 创新体系的组织结构示意图如下图 7–1 所示。

从纵向来说，LDSA 创新休系是一个由全国、地区、高校图书馆的这三个层次组成的一个层次结构的组织。

全国层次上管理模式和方法我们可以参考 CALIS 的积累经验，这些成功经验为 LDSA 创新体系的组织管理提供了指导和帮助，考虑到服务模式和内容的因素，LDSA 创新体系的全国管理机构完全可以设置为 CALIS 的一个分支，既节约了人力资源，方便 LDSA 创新体系的管理和运行，也可以扩大 CALIS 的服务内容和服务规模。我们通过走访调研，并参与 CALIS 的部分工作获得了许多宝贵的第一手资料。而且 CALIS 管理也采取的层次分级的管理模式②，这和我们设计的 LDSA 创新体系不谋而合。

区域层次上的管理也可以借鉴 CALIS 的模式，如 CALIS 设立了华东北、华东南、华中、华南、西北、西南、东北七个地区文献信息服务中心和一个

① ［2015 – 9 – 9 – 7］http：//baike. baidu. com/link? url = JeTIKQYmk – TMvzhU7zoQDtyz

② ［2015 – 9 – 16］http：//project. calis. edu. cn/calisnew/calis_ index. asp? fid = 1&class = 1

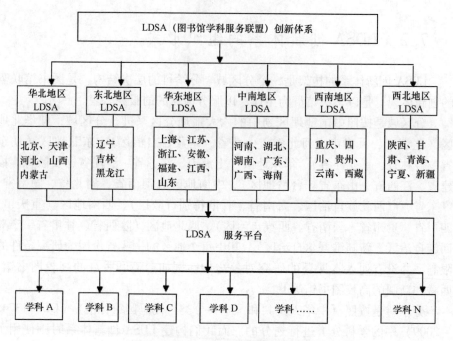

图 7 - 1　　LDSA 创新体系构架示意图

东北地区国防文献信息服务中心。而我们提出的 LDSA 创新体系则是根据我国行政区域的划分，设立了华北地区、东北地区、华东地区、中南地区、西南地区、西北地区六个区域，这些区域的高校图书馆均可以自愿参加到 LDSA 创新体系的建设中。

基层的一级就是各个参与的高校图书馆了。现在每一所高校图书馆不论其规模如何，数字化程度如何，都设立了学科馆员岗位，有的图书馆即使没有明确学科馆员制度，但是也开展了学科服务。大部分的学科服务都由图书馆信息咨询部或信息技术部负责，这也是构成 LDSA 创新体系的最小单元。

7.3　LDSA 创新体系的设计

LDSA 全称为 Library Discipline Service Alliance，即图书馆学科服务联盟，它是图书馆学科服务发展到一定程度后所形成的一种服务联盟，是学科服务成熟和较为完善的形式之一。因此在构建 LDSA 时首先要构建完整的学科服务体系，然后形成体系联盟，以完成 LDSA 创新体系的构建。

1. 图书馆学科服务体系的构建

图书馆界通常以为学科服务就是学科馆员针对学科用户利用图书馆资源开展一系列的知识服务活动，但通过长达十几年的学科服务实践却仍然没有取得理想的效果。这是因为用户的信息环境变了，信息需求变了，学科服务也应相应发生变化，所以必须对学科服务进行重新定位。我们从宏观的角度、运用系统论方法，分析学科服务未来的发展趋势是：构建完整的学科服务体系。

学科服务体系应当包括开展学科服务的基本要素，例如学科馆员、学科资源、学科平台、服务的用户等，这些要素构成了学科服务的完整的服务体系。我们将这些要素按其构成、功能和性质分为几个层面，分别是主体层、应用层、资源层和管理层①。主体层：以学科馆员为核心和实施主体；应用层：依托学科建设服务平台，便于各个用户通过网络和媒体技术利用有效获得学科服务；资源层：组织多种类型的学科信息资源，整合多种类型的服务方式；管理层：在为用户提供个性化学科服务的同时，要有一整套合理的学科服务评价与指导要素，最终为学科用户提供主动服务。主体层是学科服务的实施者，也是服务效果的决定因素；应用层是学科服务的平台和接受者；资源层是学科服务的源泉，也是服务的基础和保障，离开了资源，学科服务犹如无源之水，无本之木；管理层是学科服务的监督者和重要保障。这几个方面相互制约，相互联系。

学科服务体系的构架如图 7 - 2 所示。

（1）主体层的构建

学科服务的主体层主要是由学科馆员构成，它是学科服务实施主体。从中美学科馆员制度实行情况看，我国学科馆员不仅数量少，而且素质也参差不齐。因此，学科馆员的队伍建设是一项长期而艰巨的任务，不能一蹴而就。在学科馆员队伍建设中，要制定详细的切实可行的战略规划，包括学科馆员数量（占各馆馆员数量之比）、工作职责、学科馆员任职条件等，还应根据这个规划进行学科馆员的选拔、配置和分派办法。在对学科馆员的工作进行考核时，制定一整套评估指标，以保证学科服务的效果和质量。

在主体层的队伍建设中，建立学科馆员制度是重要措施，正如张晓林指出的那样：只有建立了较为完备的学科馆员制度，才具备了开展学科服

---

① 蔡丽静. 大学图书馆学科服务理论与实践 [M]，北京：海洋出版社，2014 年

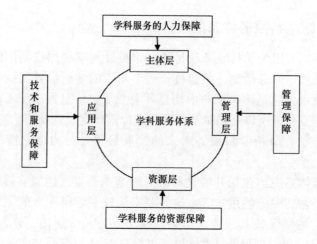

图 7－2   学科服务体系构架示意图

务的条件。因此建立完备的学科馆员制度也是构建学科服务体系主体层的重要保障。从理想的模式与机制而言，学科馆员的服务不仅仅是一种服务，也不仅仅是用户联络、参考咨询、用户培训、学科资源建设，它不是众多图书馆服务中的一种，而是站在用户的角度，从用户的利益出发，从用户的需求出发，顺应用户的行为，调动全馆以及所有可能的人力、物力、财力资源，融入用户物理或虚拟社区，以知识服务为手段，为用户构建一个适应其个性化信息需要，适应其学术交流需要的信息保障环境①。因此，学科馆员的队伍建设将是今后很长一段时间各个图书馆所面临的一个关键问题和长期任务。

（2）应用层的构建

应用构架示意图见下图 7－3 所示，由三个模块构成：异构资源统一检索系统、数字参考咨询系统和个性化服务系统。这三个模块又因每个图书馆规模不同、自动化程度不同、服务主体不同而有所不同，但是大致都是按下图中的项目组成的。

应用层是学科馆员为用户提供学科服务的一种手段和平台，其主要功能是提供直接与用户交互的平台。应用层通常由分布式的服务终端组成，用户通过终端提出学科服务需求，获得学科服务结果，或者学科馆员根据用户定

---

① 初景利. 新信息环境下学科馆员制度与学科化服务［J］. 图书情报工作，2008，(2)：5.

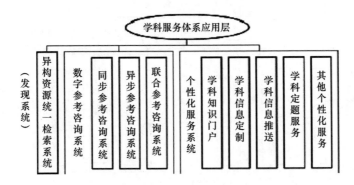

图 7 – 3   学科服务应用层框架示意图

制需求主动提供个性化服务，从而实现系统与外界的交流。其中，异构资源的统一检索是实现学科服务的关键，也是服务用户的平台，而这个系统则是建立在数字化参考咨询服务和个性化服务的基础上的，三个模块缺一不可，他们是开展学科服务的基础。

（3）资源层的构建

学科服务体系中资源层的构建是一个重点，也是服务的基础和保障。在构建资源层的过程中，主要围绕资源的收集、资源的筛选和资源的保存三个方面进行。资源层的结构模块如图 7 – 4 所示。数字时代，不论是什么类型的图书馆，其馆藏资源都有一个共同的特点：复合馆藏：即印刷型资源和数字型资源共同构成图书馆的馆藏资源，只是因图书馆的类型和规模不同，印刷型和数字型的馆藏比例略有差异。因此图 7 – 4 中所提出的信息收割、信息筛选、信息保存适合我国各类图书馆。

从图 7 – 4 可以看出，资源收割是资源层的基础，也是学科服务的立足之本。所谓资源收割就是信息的收集，这里的信息不仅包括图书馆的印刷型馆藏资源，也包含了图书馆的电子资源以及网络上的学术资源。简单地说，就是学科馆员围绕某个学科能，利用一切手段能收集到的所有资源。丰富全面的资源收割将为信息的分析和整合加工提供资源保障。

需要说明的是，在信息收割时，学科馆员应充分尊重作者权利，在保障不侵犯原作者的知识产权前提下进行信息筛选、加工和重组以及推广使用。

（4）管理层的构建

管理层的主要任务和目标是实现对学科服务整个过程的科学管理，使得学科服务满足用户教学科研中对信息资源的多样化需求。学科服务管理是学

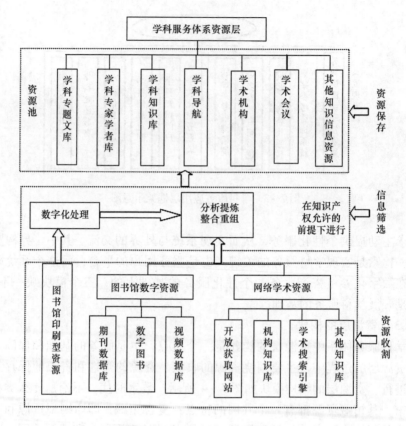

图 7 - 4　学科服务资源层框架示意图

科服务的重要保障和可持续发展 的有效支持。管理层的框架示意图见下图
7 - 5 所示。

学科服务岗位设置要循序渐进，图书馆首先要建立学科馆员制度或学科
服务制度，然后设立学科馆员的岗位，从而进一步开展基本的学科服务。学
科馆员或学科服务制度的建立是图书馆开展学科服务的根本保障，学科馆员
的岗位设立因馆而异，但是不论是哪个图书馆，设立学科馆员岗位时可以考
虑 "5W1H" 这样几个因素：Who（岗位的承担者是谁）、What（岗位的具体
工作是什么）、When（岗位的服务时间是何时）、Where（岗位的服务地点在
哪）、Why（岗位设置的意义）、How（该岗位的任务如何完成）。设立学科馆
员岗位既可以按学科设岗，也可以按院系设岗，或按需设岗、按发展设岗。
岗位设置完成后要开展最基本的学科服务，包括学科参考咨询、学科培训指

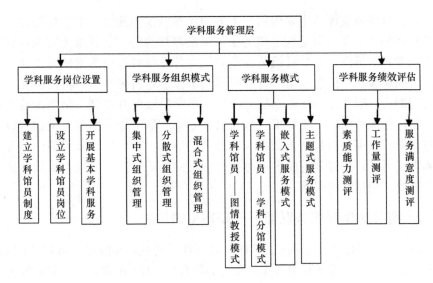

图 7 - 5　学科服务管理层框架示意图

导、学科资源建设等。

学科服务组织模式有三种：集中式组织模式、分散式组织模式和混合式组织模式。所谓集中式组织模式就是图书馆专门成立学科馆员部，学科服务工作以学科馆员部为中心，并统一由学科馆员部集中负责，而且学科馆员部隶属图书馆主管馆长直接领导。分散式组织模式就是学科馆员分散在图书馆的各个部门，并结合部门工作，针对学校的学科专业提供学科服务。混合组织模式就是集中式和分散式相结合的组织模式，按照学科馆员人员管理和学科馆员岗位管理两种方式进行管理。图书馆采取什么样的学科服务组织要依据本馆的具体情况而定，而且组织模式也不是一成不变的，在服务的不同阶段可以进行调整和完善。

学科服务模式是随着学科服务的不断深入开展而逐渐总结和完善的一些经验的积累，服务模式有很多种，经过实践的检验，一些不切实际的服务模式被淘汰，一些切实可行的服务模式被保留下来，并在学科服务中不断完善。国内的服务模式有学科馆员——图情教授模式、学科馆员——学科分馆模式、嵌入式服务模式和主题式服务模式。这些服务模式各有千秋，因为图书馆的性质不同，例如高校图书馆、研究院所图书馆或者公共图书馆，服务的主体也不同，这时要根据自身特点选择合适的服务模式才能收到良好的效果。有时候是几种学科服务模式共同使用。

学科服务绩效评估主要包括三个方面：素质能力测评、工作量测评和服务满意度测评，并且以定性考核为主，定量测评为辅。学科服务初期以软指标作为考核的标准，如学科馆员素质和能力等。学科馆员的素质可以从个人素质、职业素质、信息素质、科学素质几个方面进行考核；学科馆员能力则从沟通能力、信息能力、咨询能力考核。当学科服务开展到一定程度后要以硬性指标作为考核的主要标准，包括服务效果和服务影响力等。例如可以考核对教学的效果、对科研的效果、对教师的效果、对学生的效果等。服务的影响力则可以看其对学科的影响力和对学院的影响力。学科服务绩效评估是一个需要长期探索的问题。

2. 图书馆学科服务联盟——LDSA 的构建

图书馆学科服务体系构建是 LDSA 创新体系的基础和前提，而 LDSA 创新体系则是各个成员馆学科服务优势互补的集合体，LDSA 创新体系的建成可以使得这些分散的优势打破地域和时空的限制。LDSA 创新体系是一个分级别、分层次的体系结构，在构建时按照每个级别和层次分别考虑。

（1）一级层次构建

一级层次是 LDSA 创新体系的最高层次，它包括了下一级的六个区域模块：华北地区 LSDA 模块、东北地区 LSDA 模块、华东地区 LSDA 模块、中南地区 LSDA 模块、西南地区 LSDA 模块、西北地区 LSDA 模块。管理方式和组织形式上可以借鉴我国成功的图书馆联盟——CALIS 的模式和经验，比较简单和切实可行的方案就是将其管理归属于 CALIS 之下，因为开展学科服务也是 CALIS 近些年的任务之一。

（2）二级层次构建

二级层次是六个地区模块，华北地区 LDSA 体系包括北京市、天津市、河北省、山西省和内蒙古自治区；东北地区 LDSA 体系包含了黑龙江省、辽宁省和吉林省；华东地区 LDSA 体系包括上海市、江苏省、浙江省、安徽省、福建省、江西省和山东省；中南地区 LDSA 体系包括河南省、湖北省、湖南省、广西壮族自治区、广东省和海南省；西南地区 LDSA 体系包括重庆市、四川省、贵州省、云南省和西藏自治区；西北地区 LDSA 体系包括陕西省、甘肃省、青海省、宁夏回族自治区和新疆。由于课题研究时间和条件的限制，一些自治区和边远地区的高校没有收集详细的数据，因此未列入本著作的研究范围。

各个二级层次的模块以学科为整合标准，将各个成员馆的各种资源按学

科的分类有机地整合起来，最终通过 LDSA 服务平台提供给用户。其构架如图
7 - 6 所示。

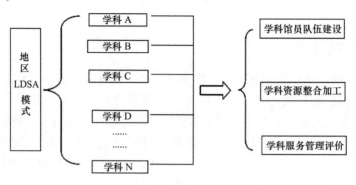

图 7 - 6　二级层次构架示意图

（3）三级层次的构建

LDSA 创新体系的三级构建则体现在三个方面：人才队伍建设、学科资源
建设和学科服务评价。人才队伍建设主要是指学科馆员的队伍建设，学科资
源建设主要是指各个成员馆的学科资源按照统一标准和技术进行整合建库并
搭建平台，学科服务管理评价则是 LDSA 创新体系的最终绩效考核。

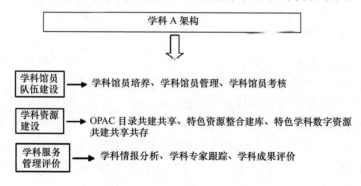

图 7 - 7　LDSA 体系三级层次构架示意图

7.4　LDSA 创新体系的实现

1. 明确目标

简单地说，LDSA 创新体系的构建目标就是围绕我国各学科和专业把握和筛选信息源，利用成熟的计算机技术和网络通信技术作为主要工具，以成员馆的藏资源为基础，以数字化资源为依托，以学科服务为目标，将 LDSA 系统的各个成员馆的学科服务融入学科建设和科学研究的全过程，为科研和教学人员以及广大用户提供一个界面友好、使用方便、检索简单的学科服务平台。

具体地说，构建这个平台的目标可以概括为以下几个方面：

（1）整合各个成员馆所属学校重点学科的各类信息资源，向 LDSA 体系提供主题信息网关（SIG），即学科信息门户。

（2）按照我国学科分类标准①和各个高校的学科专业知识体系对信息资源进行二次加工，提供基于知识、基于分析的信息检索服务。

（3）提供成员馆所在学校重点学科和专业领域的各类信息资源、咨询资源和服务资源，形成虚拟的学科服务平台和服务枢纽，充分支持对信息的有效处理和利用。

2. 确定资源

针对我国高校校学科建设和教学需要，结合图书馆用户群对学科服务的需求以及成员馆的馆藏资源的情况，我们将把资源定位于几个范围：教学支撑服务、科研支撑服务、学科服务管理评价。

教学支撑服务以教学课件、习题试卷、电子教案、教学参考等相关信息为主要信息源，通过 LDSA 创新体系将这些信息源进行整合加工，同时结合各个学科的教学内容和教学特点，有针对性地推送到 LDSA 平台的客户端，提供给用户选择使用。

科研支撑服务在对我国各个高校的重点学科、重点专业的科研情况进行跟踪调研的基础上，了解各个学科或各学科带头人所承担的课题，并以此内容为服务重点，围绕这些专题进行各类信息资源的整合与组织，将各成员馆

---

① GB/T 13745－2009，学科分类与代码［S］. 北京：国家质量监督检疫总局、国家标准化管理委员会 . 2009

的馆藏资源进行数字化转换，同时把网上杂乱无序的网络资源进行有序化处理，通过方便快捷的 LDSA 平台的客户端平台推送给用户，提高他们利用信息的能力；在这个子系统里收录了我国教育部和科技部的查新工作站，并嵌入科技查新管理系统，以方便用户在网上提交论文查收查引的申请和各种类型的科技查新报告的申请工作。

学科服务网管理评价是针对各个高校学科评价，主要是根据各高校学术论文被三大索引收录情况、论文被引情况的按各项指标进行横向和纵向比较分析，提供给用户详细的分析报告，可以帮助各高校准确定位自己在同行中的确切位置，确定努力方向和奋斗目标；通过各个高校每个学科的专家跟踪预测各学科的研究方向和发展趋势等。

3. 确定学科专业

通常，每所学校都有自己的办学特色，都有一批引以为豪的骨干专业和重点学科。因此在 LDSA 创新体系设计过程中首先优先考虑每个高校特别是成员馆所在学校的重点学科和骨干专业，这些学科专业也是 LDSA 创新体系的一个特色学科和特色服务。成员馆的学科馆员通过深入到本校教学科研的第一线，融入到重大项目的研究中，对重点课题进行跟踪调研，从而确定本校的优先服务学科。每个成员馆在确定学科专业时可以简单地按照图 7-8 的步骤进行。

7.5　LDSA 创新体系服务平台

LDSA 创新体系的一切功能都通过一个平台提供给用户，这就是 LDSA 服务平台。根据 LDSA 创新体系的构建目标，我们把 LDSA 服务平台分为三个不同的子系统：教学支撑服务子系统、科研支撑服务子系统、学科评价子系统。其整体框架如图 7-9 所示。

1. 教学支撑服务子系统

这个子系统以教学课件库、习题作业平台、试卷考试平台、教学参考平台、电子教案库等各类和教学相关的资源数据库和平台建设为重点，建成一个集教学课件、电子教案与习题试卷（均包括答案）、作业提交平台、教材与教参数据库为一体的完整的教学资源服务体系，方便各个高校各个学科的广大师生学习和使用，同时开发相应的客户端，便于学生利用移动互联网网络

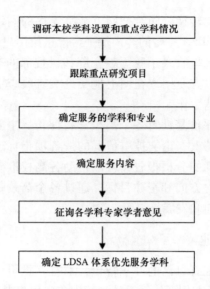

图 7 – 8　LDSA 创新体系专业确定示意图

进行自学和复习。

　　教学支撑服务系统的数据来源于几个方面，一个是各个高校各学科的任课教师通过 LDSA 的提交平台提交给系统的；另一个是各个成员馆的学科馆员对馆藏资源进行数字化转化而收录到数据库之中的；还有一个是各个成员馆的学科馆员经过网上搜索和整序，对所检索到的信息进行标引录入到数据库中；还有的是各个成员馆的学科馆员结合自己对负责学科的教学大纲进行编写并获得相关学科任课教师的认可后录入数据库之中。不论其来源如何，这些信息均可以通过课程名称、学科专业、授课人、使用对象等多种检索途径和模糊检索与精确检索两种检索方式进行检索。同时还可以将检索结果下载到客户端以备参考。

2. 科研支撑服务子系统

　　这个子系统的服务对象面向各个成员馆所在学校的骨干学科和重点学科，具体地说就是把这些学科的科研情况，包括大型科研项目、研究课题、学科带头人的研究成果等相关的研究资料、知识产权保护状况及先进技术等方面信息整合为一体，立足于目前的移动互联的网络环境以及资源的可利用程度，对相关信息采用库内存储和网络链接相结合的提供形式，在 LDSA 服务平台的客户端以用户使用方便的形式提供给相应用户。

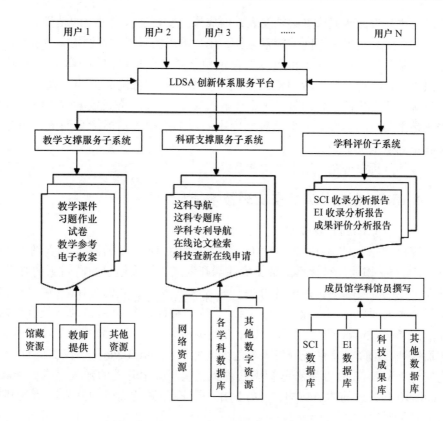

图 7-9　LDSA 创新体系服务平台框架示意图

同时这个子系统用户还可以在线进行学术论文的查收查引，查询自己的论文被 SCI 和 EI 数据库收录的情况和论文被引情况，也可以选择子系统里的任何一个具有查新资质的科技查新站在网上提交科技查新报告所需要的相关信息，通过网络和学科馆员进行沟通，完成科技查新报告。

3. 学科评价子系统

这个子系统主要就是进行各学科各专业的学科评价，而目前我国的学科评价工作则主要是以科技论文的评价为主要指标。这是因为科技论文是创造性科学技术研究工作成果的科学论述，是理论性、实验性或观察性新知识的科学记录，是已知原理应用于实际中取得新进展、新成功的科学总结。一项科学实验无论取得多么重大的研究成果，在未发表之前，就不能说它是完整的。有创造性的研究成果必须发表，而成果的发表是研究过程的精髓。

这个子系统提供不同的检索途径，用户可以按区域或省份检索并获取 SCI 论文收录分析报告全文，也可以按单位检索获取某个单位的 SCI 论文收录分析报告，甚至可以按作者检索以便获取一个专家学者论文被 SCI 收录的情况分析等。所有分析报告的数据来自于 web of science 网络版数据库，而分析报告则是由相应的学科馆员根据数据库中的数据按相应指标撰写而成，同时全文收录到子系统中。

具体分析报告全文见本书第 9 章。

4. LDSA 创新体系服务实现技术

（1）客户端的开发技术

客户端采用 PowerBuilder10.0 这一强大的 RAD 数据库应用开发软件。PowerBuilder 作为一种优秀的数据库前端开发工具，采用了面向对象的开发方法及可视化开发界面，能够让开发者轻松地开发出独立的应用程序，它可以操纵众多大型数据库和桌面数据库，支持多种硬件平台和各种智能客户端，尤其是 PowerBuilder 的数据窗口对象在数据检索和处理方面的功能非常强大，因而受到数据库管理系统开发人员的大力推崇。PowerBuilder 不仅支持 ODBC，还支持 MAPI，是企业级新型管理系统和互联网应用开发的强大工具。Power-Builder10.0 开放的体系结构、友好的用户界面和简洁高效的开发环境为开发者提供了便利工具。

（2）数据库的开发技术

平台的数据库均采用 Microsoft 公司的 SQL Server 2014 数据库系统。它是目前较为流行的 Web 数据库，是基于服务器端的大型数据库，适合大容量数据的应用。它的关键任务性能方面采用新的 In – memory OLTP 引擎提升关键任务应用程序的性能，可以使事务性能提高达到 30 倍。对于数据库仓库，新的可更新 In – memory Columnstore 的查询速度与传统解决方案相比可提高 100 倍。尤其是 SQL Server 2014 设计用于跨本地和云的混合环境，利用 SQL Server 和 Microsoft Azure 中的新工具，可以轻松地使用 Microsoft Azure 构建修补、备份和灾难恢复解决方案。这些工具可以使得用户将本地 SQL Server 数据库轻松地过渡到云，从而让用户使用其现有技能充分利用 Microsoft 的全球数据中心。

（3）Web 数据库检索查询技术

LDSA 创新体系服务平台的检索查询采用了 Web 技术实现 Web 服务器和

数据库系统连接，完成对数据的处理与查询，用户可以通过客户端浏览器的简单操作来查询到所需要的各种数据。这种从服务器到客户端浏览器的数据处理结构就是目前在局域网中十分流行的 B/S 模式（Browser/Server，浏览器/服务器模式），或者叫 B/S 结构。浏览器是客户端最主要的应用软件。这种模式统一了客户端，将系统功能实现的核心部分集中到服务器上，简化了系统的开发、维护和使用。客户机上只要安装一个浏览器（Browser），服务器安装 SQL Server、Oracle、MYSQL 等数据库，浏览器就可以通过 Web Server 同数据库进行数据交互。

实现 Web 数据库访问的方法大致可以分为两类：一类是以 Web 服务器为中介，利用中间件把浏览器和数据源连接起来，在服务器端执行对数据库的操作；另一类是把应用程序和数据库下载到客户端，在客户端执行对数据库的访问。显然第一类方法更安全和高效，因此该平台采用了第一类 Web 数据库访问方式。

（4）双平台结构

为保证 LDSA 创新体系服务平台顺利进行，防止非法用户进入系统，平台设计了用户认证和授权管理体系，并设计了双平台结构，即用户平台和管理员平台。用户平台包括信息浏览、信息提交、信息发布、在线申请等模块，提交功能也仅限于对提交到临时库中，但不能修改后台数据库的内容。管理员则可以根据管理员权限进入到相应级别的模块，可以对后台数据库的信息进行任何操作，并及时更新、自动定时备份，确保平台及用户信息的安全可靠。

参考文献

[1]　蔡莉静，陈曹维，赵中悦. 基于校园网的"学科化信息服务平台"的设计与实现 [J]. 情报理论与实践，2007，30（4）：569－571.

第 8 章　LDSA 创新体系基本功能

LDSA 创新体系实际上就是将各个高校图书馆的特色资源和优势学科资源以及学科馆员等各种可以利用的文献资源和人才资源进行重组和整合，然后通过这个体系所构建的服务平台提供或推送到需要的用户手中。这个体系按其功能有如下四个部分：组织管理功能、用户管理功能、资源整合与重组功能、学科服务功能，各个功能模块的基本构成示意图如图 8 - 1 所示。

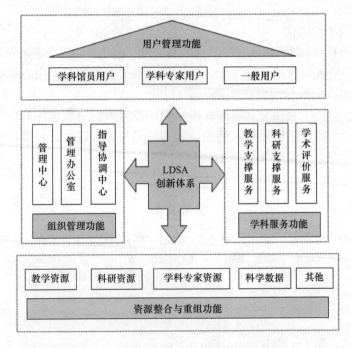

图 8 - 1　LDSA 创新体系功能模块构成示意图

8.1　LDSA 体系的组织管理功能

　　LDSA 创新体系的组织管理功能由管理中心、管理办公室和指导协调中心完成，主要负责组织和协调整个 LDSA 的相关服务和其他各项功能，这是该服务中心的枢纽和心脏。通常管理中心可以设置专职岗位或者设为 CALIS 的一个管理机构，这正是基于中国图书馆联盟经验的 LDSA 创新体系的一个基本思路和设计的出发点。

　　LDSA 体系的管理功能可以实现对该体系的整体规划、发展计划、成员馆的组织协调等各项业务工作的管理，此外还负责上传下达，有承上启下的作用，同时负责 LDSA 体系的财务和经费的管理。

　　LDSA 体系管理功能如图 8 - 2 所示。

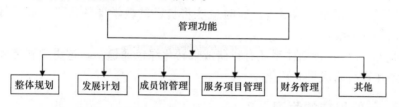

图 8 - 2　LDSA 创新体系管理功能示意图

8.2　LDSA 休系的用户管理功能

　　LDSA 创新体系的用户有三种类型：学科馆员用户、学科专家用户、一般用户。这三类用户的管理均通过 LDSA 创新体系的用户管理功能来实现。

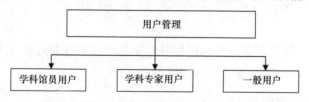

图 8 - 3　LDSA 创新体系用户管理功能示意图

1. 学科馆员用户的管理

根据对后台数据的操作和加工权限，学科馆员用户分管理和操作两种级别。管理级别的学科馆员可以设置操作的权限、数量、后台数据的分工等，而操作级别的学科馆员用户仅仅对所负责的学科或专业的文献进行加工、对所负责学科的资源进行整合或者接受相应学科的用户委托。

2. 学科专家用户的管理

LDSA 创新体系的学科专家需要进行注册申请，资格审核合格后自动存储在学科专家库中。注册成功的学科专家再次登录时通过用户名和密码的方式登录。登录后可以按照 LDSA 创新体系的导航自动找到和自己学科相匹配的学科馆员，并根据需要确定建立联系，获得学科馆员推送的学科资源、学科情报分析报告、行业预测报告，同时也能将自己的教学课件和科研成果提供给 LDSA 创新体系。

此外，LDSA 创新体系还有科研成果转化绿色通道，在这里学科专家可以快捷地实现科研成果的转化。

3. 一般用户的管理

一般用户的登录方式有两种选择：以游客身份登录、注册登录。

游客身份登录的用户可以利用 LDSA 创新体系提供的各种学科资源和学科服务，可以通过该体系获取一般的学科情报资源。注册登录用户除了上述功能外，还可以获得一些推送服务，例如学术论文征稿、投稿指南、学术会议预报、会议论文征稿等。

8.3 LDSA 体系的学科服务功能

LDSA 创新体系所提供的学科服务根据其学科服务的内容分为三种：教学支撑服务、科研支撑服务、学术评价服务。

1. 教学支撑服务

教学支撑服务包含四个模块：教学课件模块、习题作业模块、练习与考试模块、教材与教参模块。教学课件模块的服务对象是各个高校的任课教师，这个模块可以按学科、按课程、按专业、按适用对象等进行检索，教师可以

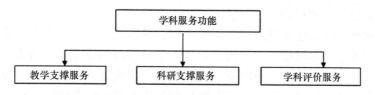

图 8 - 4　LDSA 创新体系学科服务功能示意图

方便地找到自己课程的参考课件或者电子教案，这对于那些需要用复杂的动画才能解释的一些机械原理等课程的教师帮助很大，他们可以找到相关的参考课件，而不必花费巨大精力在课件制作上，可以有更多的精力和时间用来备课，提高授课质量和教学效果。习题作业模块中包括各个高校各个学科的习题和作业，学生在掌握了本校教师授课内容的基础上还可以轻而易举地找到其他学校有关学科的习题和作业，在完成作业的过程中可以清楚地知道自己和其他院校相同专业的差距或自己在同类专业的准确位置。练习与考试模块是面向学生和教师，帮助师生找到同类专业或同类学科的一些练习或者考试试卷，通过网络就可以方便地学习其他学校的一些课程。教材和教参主要是给教师提供授课所需的各类参考教材和参考工具书。

总之，教学支撑服务系统围绕课程的整个授课和学习环节，从教师的教学教案到授课的教学课件，再到学生巩固和掌握知识的习题作业，最后到检验学习效果的考试试卷，都进行整合并收录在 LDSA 创新体系中，通过这样的教学资源整合，LDSA 可以使得一些高水平的院校的教学资源得到充分利用，也为其他高校教师和学生提供了学习的机会和平台。

2. 科研支撑服务

（1）学科导航

所谓学科导航就是把网络信息和各个成员馆的馆藏信息以及学术资源按学科分门别类地集中在一起，以实现各类资源的规范搜集、组织、分类和有序化整理，并对导航信息进行多种途径的揭示和标引，方便用户按学科查找所需资源的一种快速分类的系统工具。学科导航是学科资源有序化的最简单便捷的组织方式，可以快速上手，很方便地找到用户需要的资源。LDSA 创新体系提供各个学科的分类导航，可以让用户以最方面的形式找到所需资源，同时也可以对本学科资源的整体概况有大致的了解。

（2）学科信息门户

与常规网络信息导航或搜索引擎不同，学科信息门户是针对专业研究型用户的需要，建立可靠的、覆盖国内外本学科权威的专业信息资源，包括研究机构、知名学者、重点实验室、相关的电子出版物、专业协会、专业学会及相关产品各级标准、专利、成果等各类相关信息的规范导航系统。

学科信息门户按照专业或学科建设时制定的严格的选择标准，由专门的信息人员或课题专家严格筛选包含有课题所需的实质性、权威性、高质量和稳定的信息资源的那些站点，按标准元数据著录，按专业分类表、主题词表标引，而且常常由人工编制摘要，支持多种形式检索，提供多层次信息检索和浏览功能；支持分布式信息资源的选择、描述和组织；支持定期数据自动监测和计算机辅助更新；而且还能支持与其他专业信息网关和搜索引擎的相互检索。因此可以保障为专业课题提供优质、高效、高纯度的精品信息，使用户迅速了解本学科领域的前沿研究动态、发展趋势和国际动态，及时获得第一手资料，节约时间，避免重复劳动，准确把握课题研究方向，加快科研进展，促进知识创造和各高校的学科建设与发展。

（3）学术论文投稿系统

依托中国知网科技期刊全文数据库、维普科技期刊数据库以及万方数据等各种中文大型数据库的期刊数据，我们以国家新闻出版署发布的中文期刊目录为标准，建立了各个中文期刊的投稿平台并链接在 LDSA 创新体系平台中，这个投稿系统包括 Email、电话、编辑部主页链接等，用户可以在这个系统中以各种途径检索到自己学科的期刊，然后直接将稿件投稿至编辑部。

（4）三大索引收录通报

三大索引指的是 SCI、EI 和 ISTP。

SCI，Science Citation Index，科学引文索引，是由美国科学情报研究所（Institute for Scientific Information，简称 ISI）编制的世界著名期刊文献检索工具。EI，The Engineering Index，工程索引，创刊于 1884 年 10 月，是美国工程信息公司（Engineering Information Inc.）出版的著名工程技术类综合性检索工具。ISTP，Index to Scientific and Technical Proceedings，科技会议索引，现更名为 CPCI，Conference Proceeding Citation Index，会议录索引，同时增加了 CPCI - SSH（原来 ISSHP）。但是人们仍然习惯于用旧的称呼 ISTP，我们这里也沿用旧的称呼。长期以来我国高校和科研单位在进行学术论文评价时都把论文被 SCI、EI 和 ISTP 收录的情况作为论文评价的重要指标，这样，SCI、EI 和 ISTP 共同构成了我国学术论文评价时一道独特的"三大索引"风景线。

但是目前很多高校因为各种主客观原因并没有订购这些数据库,检索论文被三大索引收录情况就成了一个难题。为此 LDSA 创新体系发挥资源共享的优势,将索引库中的数据整合加工并进行二次加工,开发了三大索引收录通报。这样用户只要登录到 LDSA 创新体系的平台上就能检索论文被收录的情况,方便了没有使用权限的用户检索论文被收录和被引用的情况。

（5）科技查新服务

科技查新是科技部为避免科研课题重复立项和客观公正地判别科研成果的新颖性而设立的一项工作,由具有科技查新资质的查新机构承担完成。查新机构根据查新委托人提供的需要查证其新颖性的科学技术内容,按照科技查新规范操作,有偿提供科技查新服务。目前教育部已经分四批授权了近百家高校图书馆的科技查新资质,这些教育部查新工作站均设在图书馆内,并由图书馆信息咨询部学科馆员完成,现在科技查新已经是图书馆学科服务的一项重要内容。

LDSA 创新体系的科技查新模块有用户管理、查新委托书管理、查新工作进度管理以及其他。通过这个科技查新管理平台可以将 LDSA 创新体系中的各个学科的查新员进行整合,各个查新站不仅可以实现查新资源共享,也可以实现查新员共享,从而让查新站和查新资源得到充分的利用。此时,LDSA 创新体系就是一个分享各种资源的大平台,在这个平台上物尽其用,人尽其才。

3. 学科评价服务

通常,学科评价包含了学术成果和学术论文。对于学术成果的评价我们国家已经有一整套完善的评价体系。例如各个学科都设立了不同层次的奖励,有国家级的奖励、省部级的奖励、厅局级的奖励、校级的奖励等等。在 LDSA 创新体系中的学科评价服务主要是指对学术论文的评价。

目前我们国家对学术论文评价主要是通过论文被三大索引收录作为主要依据,其中又以论文被 SCI 收录为重要参考。因此 LDSA 学科评价就是围绕论文被 SCI 收录,从被引次数、期刊影响因子、期刊分区等各个指标入手进行文献学分析,以期对每个学校的学术论文情况进行每年的跟踪和比较分析,同时为领导决策和学校学科建设提供科学参考。

第9章 LDSA 创新体系案例展示

LDSA 创新体系是一个全面动员广泛参与的图书馆学科服务联盟，在这个联盟中每个成员馆结合自己的资源优势、人才优势、学科优势，通过 LDSA 创新服务平台为广大用户提供教学支撑服务、科研支撑服务和学科评价服务。

因为 LDSA 创新体系尚处于萌芽时期，完善的组织体系和管理模式没有正式推出，我们试图将其中一个子系统——学科评价服务子系统的几种服务成果展示给用户和读者。其中的数据均来自数据库检索。有的数据可能在本书出版时已经发生变化，我们均以当时检索时间为依据。

河北省高校 SCI 收录论文

分　析　报　告

（2014 年）

1. 科学引文索引（SCI）数据库简介

科学引文索引（简称 SCI）是由美国科学情报研究所（Institute for Scientific Information，简称 ISI）编制的世界著名期刊文献检索工具。科学引文索引数据库通过其严格的选刊标准和评估程序挑选刊源，收录了全球 12400 多种权威的、高影响力的学术期刊，内容涵盖自然科学、工程技术、生物医学、社会科学、艺术与人文等领域。

SCI 运用引文数据分析和同行评议相结合的方法充分评估期刊的学术价值。SCI 收录的文献能全面涵盖全世界最重要和最有影响力的研究成果，也使之成为评价各国、各单位国际学术地位的重要工具及世界范围内可比的科研指标。SCI 检索系统以其统计的科学性和权威性，历来成为世界学术界密切注视的中心、争相角逐的焦点和世界公认的文献统计源。SCI 不仅具有学科上的相关性，还有横向上的对应性和纵向上的继承性，因此是国际评价科研成果水平的通用参考标准，也是对研究单位或个人科研实力进行评价的一个重要依据。世界各国都把本国被 SCI 收录的科技论文的多寡，看作一个国家的基础科学研究水平、科技实力指标之一。

2. 主要的统计分析指标

为了充分揭示河北省各个高校的科研实力，我们以论文数量、研究方向分布、期刊影响因子、期刊分区、被引频次、核心作者发文情况等 6 个指标作为分析依据，从河北高校 SCI 论文数量、河北高校 SCI 研究方向分布、河北科技大学 SCI 论文优势研究方向比较、河北高校 SCI 期刊影响因子、河北高校 SCI 期刊分区、河北高校 SCI 论文被引频次、河北各高校 SCI 论文的核心作者群等几个方面对河北省高校的 SCI 论文进行对比分析。

结果分析仅仅是根据 SCI 数据库检索结果进行的客观总结和分析，仅供参考。

3. 数据来源和检索方法

3.1 数据来源

分析报告的数据来自于 Web of Science（网络版），所选择的数据库包括 Science Citation Index Expanded（SCIE）、Social Sciences Citation Index（SSCI）以及 Arts and Humanities Citation index（A&HCI）三部分。SCI 论文的发表时

间限定为：2014 – 01 – 01 至 2014 – 12 – 31，除注明的检索时间外，其余未标注的数据检索时间均为 2015 年 6 月 5 日。

3.2　检索方法

利用 web of science 数据库提供的地址字段检索功能，可以检索到河北省各高校的 SCI 收录论文。但在实际检索中我们发现，SCI 论文常常出现作者单位名称书写不规范的问题，这是目前我国作者群的一个最大通病。如果直接利用地址检索势必会造成一定程度的漏检。例如，河北农业大学在论文中出现了两种英文翻译：Agricultural university of hebei，hebei agriculture university，只以其中之一作为检索词势必会发生漏检。此外，SCI 论文还常常出现因为作者疏忽或编辑粗心造成的各种拼写错误，例如，将 "hebei" 误拼为 "heibei" 或 "he bei" 的情况。因此，我们对高校名称的不同写法进行梳理和规范。

为了全面了解 web of science 数据库中包含的河北省发表论文的基本情况，我们以河北省及其所辖各地区为检索词进行检索。检索式分别为：

ad =（hebei or heibei or he bei or shijiazhuang or baoding or cangzhou or hengshui or langfang or chengde or handan or xingtai or tangshan or Qinhuangdao or zhangjiakou）。

需要说明的是：

（1）各校发文篇数亦包含该校教师以其他形式署单位名称所发表的论文。例如，河北科技大学教师在天津大学读博士学位期间发表的论文，署名时可能会同时出现两个单位名称：天津大学、河北科技大学，该论文被统计为河北科技大学 SCI 收录论文。

（2）在进行发文篇数统计时，有的合作者的论文可能被重复计算，从整体情况看是这不影响分析结论和结果。

（3）在进行核心作者分析时，所统计的论文仅仅以第一作者并且第一署名单位所发论文篇数为依据。

（4）通讯作者均按其实际作者排名进行统计分析。

3.3　河北省各高校检索式

通过对检索记录集合中作者单位字段的统计分析，我们获得了河北省 14 所高校名称的不同写法，构造了相对应的检索式，如表 3 – 1 所示。

表 3 - 1　　河北省 14 所重点高校 SCI 论文检索策略

序号	单位名称	检索式
1	燕山大学	ad = （yanshan univ or yan shan univ）
2	河北大学	ad = （hebei univ or heibei univ）not ad = （tianjin）not ad = （shijiazhuang）
3	河北医科大学（含附属医院）	ad = （hebei med univ or heibei med univ or he bei med univ）
4	河北师范大学	ad = （hebei normal univ or hebei normal teachers univ or heibei normal univ）
5	河北工业大学	ad = （hebei univ technol or heibei univ technol or hebei univ technology）
6	河北联合大学	ad = （hebei united univ or he bei union univ or heibei united univ）
7	河北农业大学	ad = （agr univ hebei or hebei agr univ）
8	河北科技大学	ad = （hebei univ sci technol or hebei sci technol univ or heibei univ sci technol）
9	河北工程大学	ad = （hebei univ engn or hebei engn univ）
10	石家庄铁道大学	ad = （Shijiazhuang teidao univ）
11	河北科技师范学院	ad = （hebei normal univ sci technol）
12	河北北方学院	ad = （hebei north univ）
13	承德医学院	ad = （chengde med univ or chengde med coll）
14	石家庄学院	ad = （Shijiazhuang univ or Shijiazhuang coll）

4. 河北高校 2014 年 SCI 论文数量分析

4.1　河北高校 2014 年 SCI 发文数量总体概况

2014 年河北省发表 SCI 论文数 5 295 篇，比 2013 年（4 404 篇）增长 20.05%。而 2013 年这个涨幅为 18.54%。2014 年河北省高校共发表 SCI 论文约 3 801 篇，占当年河北省论文总数的 71.78%，而 2013 年这个数字为 71.89%，基本保持稳定。

4.2　河北高校 2014 年 SCI 发文数量排名

我们对检索结果进行统计，把河北各高校 2014 年 SCI 论文篇数在 50 篇以上的作为本报告的分析研究对象，其具体情况见表 4 - 1 所示。

表 4 - 1　近三年 14 所河北高校 SCI 收录论文数　　　　单位：篇

序号	高校名称	2014 年	2013 年	2012 年	增长率（%）	备注
1	燕山大学	709	551	495	28.7	第一梯队
2	河北医科大学	606	530	467	14.3	
3	河北大学	523	469	409	11.5	
4	河北工业大学	426	309	236	37.9	
5	河北师范大学	339	326	319	4.0	第二梯队
6	河北联合大学	291	258	132	13.2	
7	河北农业大学	200	174	161	14.9	
8	河北科技大学	181	138	165	31.2	第三梯队
9	河北工程大学	146	120	84	21.7	
10	石家庄铁道大学	113	77	86	46.8	
11	河北北方学院	100	59	39	69.5	
12	河北科技师范学院	74	71	82	4.2	第四梯队
13	承德医学院	51				新增院校
14	石家庄学院	50				新增院校
合计		3809	3082	2675		

注：检索截止日期为 2015 年 6 月 5 日

4.3　河北省 14 所高校 2014 年 SCI 论文数据分析

从表 4 - 1 可以看出，我省各学校之间 SCI 发文数量仍然存在着较大差距，发文最多的仍然是燕山大学，以 709 篇的绝对优势领先于其他高校，并与最低的篇数 50 篇相差十多倍。总的来说各高校的发文数量逐年增多，各高校增长幅度有高有低，有爆发式增长，有平稳增长。

我们延续了按当年 SCI 发文数量划分高校的做法，仍按发文数量将这些省属高校进行了划分，2014 年发文在 400 篇以上的划分为第一梯队，有 4 所学校，分别是燕山大学（709 篇）、河北医科大学（606 篇）、河北大学（523 篇）和河北工业大学（426 篇），这个梯队的 SCI 发文数均呈现增长趋势，其中河北工业大学增长最多，达到 37.9%，由 2013 年的发文数量排名第五跻身 2014 年发文数量排名第四，并且河北工业大学从 2013 年的第二梯队进入 2014 年的第一梯队。其次为燕山大学，达到 28.7%，而河北医科大学和河北大学增长率分别是 14.3% 和 11.5%。

发文 200 篇以上的是第二梯队，有 3 所学校，分别是河北师范大学（339篇）、河北联合大学（292 篇）和河北农业大学（200 篇）；其中河北师范大学 SCI 发文数量增长最低 4.0%，河北联合大学和河北农业大学增长率分别为13.2% 和 14.9%。河北农业大学从 2013 年的第三梯队进入 2014 年的第二梯队。

发文 100 篇以上的是第三梯队，也有 4 所学校，分别是河北科技大学（181 篇）、河北工程大学（146 篇）、石家庄铁道大学（113 篇）和河北北方学院（100 篇），其中河北科技大学、石家庄铁道大学和河北北方学院增长显著，石家庄铁道大学和河北北方学院由 2013 年的第四梯队进入 2014 年的第三梯队。

发文 100 篇以内的是第四梯队，有 3 所学校，分别是河北科技师范学院（74 篇）、承德医学院（51 篇）、石家庄学院（50 篇）。其中承德医学院、石家庄学院是对 2014 年的数据结果统计分析后新增加的比较学校。

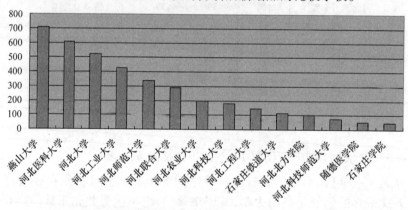

图 4 - 1   2014 年 14 所河北高校 SCI 论文数（单位：篇）

5. 河北高校 SCI 收录论文研究方向分析

每个学科的研究方向在一定程度上代表了该学科的研究水平和研究特色，是一所学校履行人才培养、科学研究、社会服务三大智能的基本平台，是高校建立专业以及设置教学科研组织的基础，是高等院校办学水平和办学层次的集中体现。此外，各学科的研究方向不仅体现一所高校学科的发展方向和重点研究领域，也体现了当地经济发展的区域特色。我们按照 SCI 数据库中

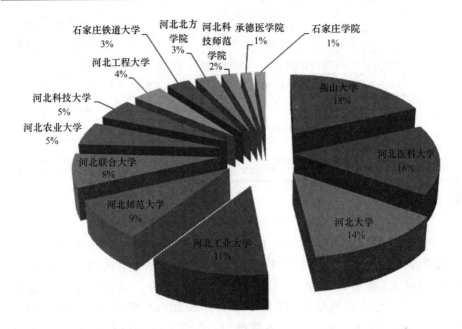

图 4 - 2　2014 年 14 所河北高校 SCI 论文所占比例

的研究方向对论文进行分类统计，这样可以从一个侧面反映高校学科建设与发展的基本状况，也可以看出高校的优势学科及其学术科研水平（注：SCI 论文所占的比例中，一篇论文根据其所属的学科可能被重复多次计算）。

5.1　燕山大学 SCI 收录论文研究方向分析

　　燕山大学的 SCI 论文研究方向仍然集中在材料科学、物理、工程等研究领域，其中材料科学发文 219 篇，物理发文 143 篇。同 2013 年分析数据比较，2014 年 OPTICS（光学）发文 22 篇退居 12，AUTOMATION CONTROL SYS-TEMS（自动控制）发文 29 篇排名第九。具体统计见表 5 - 1。

表 5 - 1　燕山大学 SCI 收录论文研究方向统计

序号	研究方向	论文数	百分比
1	MATERIALS SCIENCE（材料科学）	219	30.89%
2	PHYSICS（物理）	143	20.17%
3	ENGINEERING（工程）	140	19.75%
4	CHEMISTRY（化学）	130	18.34%

序号	研究方向	论文数	百分比
5	METALLURGY METALLURGICAL ENGINEERING （冶金工程）	115	16.22%
6	SCIENCE TECHNOLOGY OTHER TOPICS （科学技术其他）	88	12.41%
7	COMPUTER SCIENCE （计算机科学）	38	5.36%
8	MATHEMATICS （数学）	37	5.22%
9	AUTOMATION CONTROL SYSTEMS （自动控制系统）	29	4.09%
10	ELECTROCHEMISTRY （电化学）	28	3.95%

5.2　河北医科大学 SCI 收录论文研究方向分析

河北医科大学的 SCI 收录论文涵盖的研究方向相对来说比较均衡，覆盖了医学研究的各个方向。同 2013 年分析数据比较，研究方向 TOP10 新增 OR-THOPEDICS （整形外科学）、SURGERY （外科学）、GENERAL INTERNAL MEDICINE （普通内科学），排名下降的有 SCIENCE TECHNOLOGY OTHER TOPICS （科学技术其他）发文 26 篇排 11，CARDIOVASCULAR SYSTEM CAR-DIOLOGY （肠胃病学）发文 23 篇排 12，GASTROENTEROLOGY HEPATOLO-GY （心血管系统）发文 15 篇排 17。具体统计见表 5 - 2。

表 5 - 2　河北医科大学 SCI 收录论文研究方向统计

序号	研究方向	论文数	百分比
1	ONCOLOGY （肿瘤科学）	113	18.65%
2	NEUROSCIENCES NEUROLOGY （神经科学）	72	11.88%
3	BIOCHEMISTRY MOLECULAR BIOLOGY （生物化学、分子生物学）	62	10.23%
4	PHARMACOLOGY PHARMACY （药理药剂学）	57	9.41%
5	RESEARCH EXPERIMENTAL MEDICINE （研究试验学）	55	9.08%
6	CHEMISTRY （化学）	46	7.59%
7	CELL BIOLOGY （细胞生物学）	40	6.60%
8	ORTHOPEDICS （整形外科学）	33	5.45%
9	SURGERY （外科学）	32	5.28%
10	GENERAL INTERNAL MEDICINE （普通内科学）	30	4.95%

5.3　河北大学 SCI 收录论文研究方向分析

河北大学的 SCI 收录论文的研究方向集中在化学、物理、材料科学，尤其是化学研究方向的发文数达到 160 篇，显示出较强的优势。同 2013 年分析数据比较，研究方向 TOP10 新增 PHARMACOLOGY PHARMACY（药理药剂学）、SCIENCE TECHNOLOGY OTHER TOPICS（科学技术其他），MATHEMATICS（数学）发文 19 篇排 11，FOOD SCIENCE TECHNOLOGY（食品科学技术）发文 19 篇排 12。具体情况见表 5 - 3。

表 5 - 3　河北大学 SCI 收录论文研究方向统计

序号	研究方向	论文数	百分比
1	CHEMISTRY（化学）	160	30.59%
2	PHYSICS（物理）	92	17.59%
3	MATERIALS SCIENCE（材料科学）	66	12.62%
4	BIOCHEMISTRY MOLECULAR BIOLOGY（生物化学、分子生物学）	42	8.03%
5	COMPUTER SCIENCE（计算机科学）	33	6.31%
6	ZOOLOGY（动物学）	32	6.12%
7	SPECTROSCOPY（光谱学）	32	6.12%
8	SCIENCE TECHNOLOGY OTHER TOPICS（科学技术其他）	28	5.35%
9	POLYMER SCIENCE（高分子学）	22	4.21%
10	PHARMACOLOGY PHARMACY（药理药剂学）	19	3.63%

5.4　河北工业大学 SCI 收录论文研究方向分析

河北工业大学的 SCI 收录论文仍然在材料科学、化学、物理、工程等研究方向有明显优势。具体统计见表 5 - 4。

表 5 - 4　河北工业大学 SCI 收录论文研究方向统计

序号	研究方向	论文数	百分比
1	MATERIALS SCIENCE（材料科学）	132	30.99%
2	CHEMISTRY（化学）	125	29.34%
3	PHYSICS（物理）	119	27.93%
4	ENGINEERING（工程）	97	22.77%
5	SCIENCE TECHNOLOGY OTHER TOPICS（科学技术其他）	39	9.16%

序号	研究方向	论文数	百分比
6	METALLURGY METALLURGICAL ENGINEERING（冶金工程）	26	6.10%
7	POLYMER SCIENCE（高分子学）	22	5.16%
8	MATHEMATICS（数学）	18	4.23%
9	OPTICS（光学）	16	3.76%
10	ELECTROCHEMISTRY（电化学）	16	3.76%

5.5   河北师范大学 SCI 收录论文研究方向分析

河北师范大学的 SCI 收录论文研究方向在化学、物理和数学等基础学科显示了优势。具体情况见表 5－5。

表 5－5   河北师范大学 SCI 收录论文研究方向统计

序号	研究方向	论文数	百分比
1	CHEMISTRY（物理）	88	25.96%
2	PHYSICS（化学）	80	23.60%
3	MATHEMATICS（数学）	60	17.70%
4	MATERIALS SCIENCE（材料科学）	33	9.74%
5	BIOCHEMISTRY MOLECULAR BIOLOGY（生物化学、分子生物学）	21	6.20%
6	OPTICS（光学）	19	5.61%
7	SCIENCE TECHNOLOGY OTHER TOPICS（科学技术其他）	16	4.72%
8	PLANT SCIENCES（植物学）	15	4.43%
9	ELECTROCHEMISTRY（电化学）	13	3.84%
10	ASTRONOMY ASTROPHYSICS（天文学天体物理学）	13	3.84%

5.6   河北联合大学 SCI 收录论文研究方向分析

河北联合大学 SCI 收录论文在化学研究方向显示了优势，其次是材料科学和生物化学分子生物学研究方向。具体情况见表 5－6。

表 5 - 6　河北联合大学 SCI 收录论文研究方向统计

序号	研究方向	论文数	百分比
1	CHEMISTRY（化学）	71	24.48%
2	MATERIALS SCIENCE（材料科学）	28	9.66%
3	BIOCHEMISTRY MOLECULAR BIOLOGY（生物化学、分子生物学）	27	9.31%
4	PHYSICS（物理）	25	8.62%
5	SCIENCE TECHNOLOGY OTHER TOPICS（科学技术其他）	24	8.28%
6	ENGINEERING（工程）	19	6.55%
7	ONCOLOGY（肿瘤科学）	16	5.52%
8	CELL BIOLOGY（细胞生物学）	16	5.52%
9	MATHEMATICS（数学）	15	5.17%
10	NEUROSCIENCES NEUROLOGY（神经科学）	13	4.48%

5.7　河北农业大学 SCI 收录论文研究方向分析

河北农业大学的 SCI 收录论文仍然在化学、农业科学、植物学等研究方向显示出优势，具体统计见表 5 - 7。

表 5 - 7　河北农业大学 SCI 收录论文研究方向统计

序号	研究方向	论文数	百分比
1	CHEMISTRY（化学）	62	31%
2	AGRICULTURE（农学）	35	17.5%
3	PLANT SCIENCES（植物学）	28	14%
4	BIOCHEMISTRY MOLECULAR BIOLOGY（生物化学、分子生物学）	17	8.5%
5	FOOD SCIENCE TECHNOLOGY（食品科学技术）	15	7.5%
6	SCIENCE TECHNOLOGY OTHER TOPICS（科学技术其他）	12	6%
7	SPECTROSCOPY（光谱）	11	5.5%
8	GENETICS HEREDITY（遗传学）	11	5.5%
9	PHYSICS（物理）	9	4.5%
10	MATERIALS SCIENCE（材料科学）	8	4%

5.8　河北科技大学 SCI 收录论文研究方向分析

河北科技大学的 SCI 收录论文在化学方向显示优势，其次是材料科学、工程研究方向。其中化学研究方向发文59篇。具体统计见表5-8。

表5-8　河北科技大学 SCI 收录论文研究方向统计

序号	研究方向	论文数	百分比
1	CHEMISTRY（化学）	59	32.60%
2	MATERIALS SCIENCE（材料科学）	37	20.44%
3	ENGINEERING（工程）	32	17.68%
4	PHYSICS（物理）	27	14.92%
5	MATHEMATICS（数学）	15	8.29%
6	SCIENCE TECHNOLOGY OTHER TOPICS（科学技术其他）	10	5.53%
7	POLYMER SCIENCE（高分子学）	8	4.42%
8	PHARMACOLOGY PHARMACY（药理药剂学）	8	4.42%
9	MECHANICS（机械学）	6	3.32%
10	COMPUTER SCIENCE（计算机科学）	6	3.32%

5.9　河北工程大学 SCI 收录论文研究方向分析

河北工程大学 SCI 收录论文的研究方向相对分布较为均匀，涉及该校的各个专业学科，工程研究方向略显优势，发文31篇。具体统计见表5-9。

表5-9　河北工程大学 SCI 收录论文研究方向统计

序号	研究方向	论文数	百分比
1	ENGINEERING（工程）	31	21.38%
2	MATERIALS SCIENCE（材料科学）	29	20.00%
3	CHEMISTRY（化学）	20	13.79%
4	PHYSICS（物理）	18	12.41%
5	MATHEMATICS（数学）	14	9.66%
6	SCIENCE TECHNOLOGY OTHER TOPICS（科学技术其他）	10	6.90%
7	COMPUTER SCIENCE（计算机科学）	10	6.90%
8	ENVIRONMENTAL SCIENCES ECOLOGY（环境生态科学）	9	6.21%
9	WATER RESOURCES（水资源）	7	4.83%
10	PARASITOLOGY（寄生虫学）	7	4.83%

5.10　石家庄铁道大学 SCI 收录论文研究方向分析

石家庄铁道大学的 SCI 收录论文物理研究方向稍有优势，发文 35 篇。具体统计见表 5 - 10。

表 5 - 10　石家庄铁道大学 SCI 收录论文研究方向统计

序号	研究方向	论文数	百分比
1	PHYSICS（物理）	35	30.97%
2	MATERIALS SCIENCE（材料科学）	28	24.78%
3	ENGINEERING（工程）	28	24.78%
4	MECHANICS（机械）	17	15.04%
5	CHEMISTRY（化学）	17	15.04%
6	MATHEMATICS（数学）	11	9.74%
7	SCIENCE TECHNOLOGY OTHER TOPICS（科学技术其他）	9	7.97%
8	METALLURGY METALLURGICAL ENGINEERING（冶金工程）	8	7.08%
9	OPTICS（光学）	6	5.31%
10	POLYMER SCIENCE（高分子）	4	3.54%

5.11　河北北方学院 SCI 收录论文研究方向分析

河北北方学院是 2014 年发文总数为 100 篇，主要分布在材料科学、化学、物理三个研究方向。具体统计见表 5 - 11。

表 5 - 11　河北北方学院 SCI 收录论文研究方向统计

序号	研究方向	论文数	百分比
1	MATERIALS SCIENCE（材料科学）	23	23%
2	CHEMISTRY（化学）	23	23%
3	PHYSICS（物理）	15	15%
4	PHARMACOLOGY PHARMACY（药理药剂学）	7	7%
5	CELL BIOLOGY（细胞生物学）	7	7%
6	ONCOLOGY（肿瘤学）	6	6%
7	SCIENCE TECHNOLOGY OTHER TOPICS（科学技术其他）	5	5%
8	ENGINEERING（工程）	5	5%
9	BIOCHEMISTRY MOLECULAR BIOLOGY（生物化学、分子生物学）	5	5%
10	SURGERY（外科）	4	4%

5.12 河北科技师范学院 SCI 收录论文研究方向分析

河北科技师范学院的 SCI 收录论文在化学、材料研究方向略有优势。具体各个研究方向发文数见表 5 – 12。

表 5 – 12 河北科技师范学院 SCI 收录论文研究方向统计

序号	研究方向	论文数	百分比
1	CHEMISTRY（化学）	25	33.78%
2	MATERIALS SCIENCE（材料科学）	16	21.62%
3	PHYSICS（物理）	15	20.27%
4	BIOCHEMISTRY MOLECULAR BIOLOGY（生物化学、分子生物学）	6	8.11%
5	METALLURGY METALLURGICAL ENGINEERING（冶金工程）	5	6.76%
6	OPTICS（光学）	4	5.41%
7	ENGINEERING（工程）	4	5.41%
8	SPECTROSCOPY（光谱）	3	4.05%
9	PARASITOLOGY（寄生虫学）	3	4.05%
10	LIFE SCIENCES BIOMEDICINE OTHER TOPICS（生命科学、生物医学其他）	3	4.05%

5.13 承德医学院 SCI 收录论文研究方向分析

河北科技师范学院的 SCI 收录论文在肿瘤学、细胞生物学研究方向略有优势，其他研究方向相对均衡。具体各个研究方向发文数见表 5 – 13。

表 5 – 13 承德医学院 SCI 收录论文研究方向统计

序号	研究方向	论文数	百分比
1	ONCOLOGY（肿瘤学）	7	13.20%
2	CELL BIOLOGY（细胞生物学）	6	11.30%
3	RESEARCH EXPERIMENTAL MEDICINE（研究实验医学）	5	9.40%
4	CHEMISTRY（化学）	5	9.40%
5	BIOCHEMISTRY MOLECULAR BIOLOGY（生物化学、分子生物学）	5	9.40%
6	SURGERY（外科）	4	7.60%
7	PHARMACOLOGY PHARMACY（药理药剂学）	4	7.60%
8	NEUROSCIENCES NEUROLOGY（神经科学神经病学）	3	5.70%
9	GENERAL INTERNAL MEDICINE（内科学）	3	5.70%
10	ENDOCRINOLOGY METABOLISM（内分泌代谢）	3	5.70%

5.14　石家庄学院 SCI 收录论文研究方向分析

石家庄学院的 SCI 收录论文在化学、物理、材料科学研究方向略有优势。具体各个研究方向发文数见表 5 – 14。

表 5 – 14　石家庄学院 SCI 收录论文研究方向统计

序号	研究方向	论文数	百分比
1	CHEMISTRY（化学）	18	36%
2	PHYSICS（物理）	13	26%
3	MATERIALS SCIENCE（材料科学）	11	22%
4	ASTRONOMY ASTROPHYSICS（天文学）	4	8%
5	SCIENCE TECHNOLOGY OTHER TOPICS（科学技术其他）	3	6%
6	PHARMACOLOGY PHARMACY（药理药剂学）	3	6%
7	CRYSTALLOGRAPHY（晶体学）	3	6%
8	AUTOMATION CONTROL SYSTEMS（自动控制）	3	6%
9	OPERATIONS RESEARCH MANAGEMENT SCIENCE（运筹管理学）	2	4%
10	MATHEMATICS（数学）	2	4%

6. 河北科技大学 SCI 收录论文 5 个优势研究方向比较分析

我们将河北科技大学 2014 年 SCI 发文量在 10 篇以上的研究方向作为优势研究方向，共有 5 个，分别是：化学、物理、数学、材料科学、工程。为了比较我校这些优势研究方向所发 SCI 论文和其他学校的差距，我们分别将其他高校的相应研究方向发文数进行统计，其结果见表 6 – 1（因学校性质所限，比较对象未包括河北医科大学、承德医学院）。

表 6 – 1　河北科技大学优势学科对比　　　单位：篇

高校名称	化学	材料科学	工程	物理	数学
河北科技大学	59	37	32	27	15
燕山大学	130	219	140	143	37
河北大学	160	66	18	92	19
河北师范大学	88	33	11	80	60
河北工业大学	125	132	97	119	18

续表

高校名称	化学	材料科学	工程	物理	数学
河北联合大学	71	28	19	25	15
河北农业大学	62	8	5	9	
河北工程大学	20	29	31	18	14
石家庄铁道大学	17	28	28	35	11
河北科技师范大学	25	16	4	15	
河北北方学院	23	23	5	15	3
石家庄学院	18	11	1	13	2

注：表中空白数据为"0"

6.1   河北科技大学化学研究方向对比分析

化学化工是河北科技大学的骨干学科，这在 SCI 发文的数量上也体现了出来。但是和其他学校相比我们仍存在较大差距。具体见图 6-1。

化学

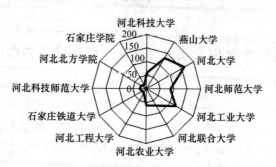

图 6-1   化学研究方向对比分析

6.2   河北科技大学材料科学研究方向对比分析

从图 6-2 可以看出，在材料科学研究方向，河北科技大学发文略多，以发文 37 篇排在河北省 12 所高校的第四，但与排名第一的燕山大学发文 219 篇，发文数量相差甚远。具体见图 6-2。

6.3   河北科技大学工程研究方向对比分析

在工程研究方向，河北科技大学具有一定优势，仅次于燕山大学和河北

材料科学

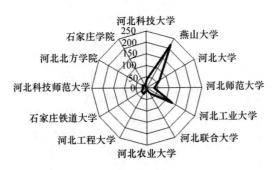

图 6 - 2　材料科学研究方向对比分析

工业大学，以 1 篇论文的微弱优势排在河北省 12 所高校的第三。具体见图6 - 3。

工程

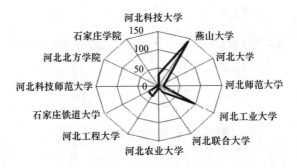

图 6 - 3　工程研究方向对比分析

6.4　河北科技大学物理研究方向对比分析

从图 6 - 4 可以看出，在物理研究方向，河北科技大学并没有显著优势。

6.5　河北科技大学数学研究方向对比分析

在数学研究方向，河北科技大学没有明显优势，与河北联合大学并列第五。具体见图 6 - 5。

综上所述，从 2014 年 SCI 收录论文分析，河北科技大学在材料科学和工程研究方向有一定优势，均位居河北高校前列。

图 6 - 4   物理研究方向对比分析

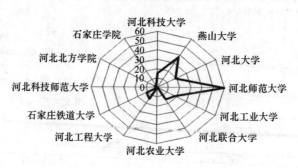

图 6 - 5   数学研究方向对比分析

7. 河北高校 2014 年 SCI 收录论文的期刊影响因子分析

期刊引证报告（Journal Citation Reports，JCR）每年提供上一年度世界范围期刊引用数据，给出该数据库收录的每种期刊的影响因子。JCR 是一个综合性、多学科的期刊分析与评价报告，它客观地统计 Web of Science 收录期刊所刊载论文的数量、论文参考文献的数量、论文的被引用次数等原始数据，再应用文献计量学的原理，计算出各种期刊的影响因子、立即影响指数、被引半衰期等反映期刊质量和影响的定量指标。JCR 全面综合地评价和分析了国际性学术期刊。影响因子（Impact factor）是 SCI 对科学期刊进行统计和评估的一个参数，某一期刊在某年的影响因子是指当年引证该期刊前两年论文的总次数和前两年该期刊发表的论文总之比。影响因子在一定程度上反映了期刊论文的学术水平。

7.1　河北高校 SCI 论文期刊影响因子 TOP1 统计分析

为了全面了解河北各高校 SCI 论文期刊影响因子的情况，我们按不同指标进行了统计分析。首先把第一作者发文的各高校期刊影响因子的 TOP1 进行了统计（只统计 IF≥5.0 的 SCI 论文），列表如 7 - 1。

表 7 - 1　河北省高校近四年 SCI 论文期刊影响因子 TOP1 统计

序号	学校名称	TOP1			
		2014	2013 年	2012 年	2011 年
1	燕山大学	42.351	38.597	9.907	9.865
2	河北医科大学	39.207	12.003	40.197	33.036
3	河北工业大学	12.098	6.108	5.968	
4	河北农业大学	10.742	5.319		
5	河北师范大学	9.575	7.251	9.97	19.407
6	河北科技大学	7.837	6.108	6.499	9.488
7	河北大学	6.852	6.378	9.79	5.787
8	河北科技师范学院	6.718			5.125
9	河北工程大学	5.298			
10	河北联合大学	5.078	8.278		
11	石家庄铁道大学		6.233		

注：空白表示 IF≥5.0 的论文数为"0"

7.2　河北高校 SCI 论文 IF≥5.0 的统计分析

2014 年 SCI 论文中期刊影响因子最高的为 42.351，为燕山大学所发论文。从 IF≥5.0 的论文情况看，有 10 所高校发表了 IF≥5.0 的 SCI 论文，且为第一署名机构，这一数据比 2011、2012 和 2013 年均有所提高，2014 年新增了河北工程大学和河北科技师范大学。IF≥5.0 的 SCI 论文发文量增加较大的是燕山大学和河北工业大学。2013 年燕山大学第一署名单位发文 6 篇，2014 年则有 35 篇；河北工业大学 2013 年这一数据为 4 篇，2014 年则为 16 篇。我们按 IF≥5.0 的 SCI 论文篇数进行统计排名，详见表 7 - 2。

表 7-2　河北省 10 所高校发表的 IF≥5.0 的 SCI 论文排名

序号	高校名称	发文篇数	第一署名机构发文篇数
1	燕山大学	51	35
2	河北医科大学	51	19
3	河北工业大学	33	16
4	河北师范大学	28	17
5	河北大学	27	14
6	河北联合大学	16	1
7	河北农业大学	12	4
8	河北科技大学	10	7
9	河北工程大学	2	1
10	河北科技师范大学	2	1
合计	233（不计重复）	115

7.3　燕山大学 SCI 论文期刊影响因子分析

我们利用来源数据，把每个学校 IF≥5.0 的 SCI 论文进行详细分析，并按影响因子进行排名，见以下各表（均为第一署名机构）。

表 7-3　燕山大学发表的 IF≥5.0 的 SCI 论文影响因子排名

序号	影响因子	期刊全称	发文篇数
1	42.351	NATURE	1
2	11.444	J AM CHEM SOC	2
3	10.439	ADV FUNCT MATER	1
4	6.739	NANOSCALE	1
5	6.629	J MATER CHEM A	3
6	6.629	J MATER CHEM C	1
7	6.5	IEEE T IND ELECTRON	1
8	6.306	IEEE T FUZZY SYST	1
9	6.16	CARBON	4
10	6.132	NEUROIMAGE	1
11	6.007	APPL CATAL B - ENVIRON	1
12	5.971	INT J PLASTICITY	1

续表

序号	影响因子	期刊全称	发文篇数
13	5.9	ACS APPL MATER INTER	1
14	5.726	IEEE T POWER ELECTR	1
15	5.51	RENEW SUST ENERG REV	1
16	5.211	J POWER SOURCES	6
17	5.078	SCI REP – UK	6
18	5.039	BIORESOURCE TECHNOL	2
		合计篇数	35

7.4　河北医科大学 SCI 论文期刊影响因子分析

表 7 – 4　河北医科大学发表的 IF ≥ 5.0 的 SCI 论文影响因子排名

序号	影响因子	期刊全称	发文篇数
1	39.207	LANCET	2
2	24.725	LANCET ONCOL	1
3	11.19	HEPATOLOGY	1
4	9.775	BLOOD	1
5	8.559	ONCOGENE	1
6	7.628	AGEING RES REV	1
7	6.451	BIOSENS BIOELECTRON	1
8	6.372	J INVEST DERMATOL	1
9	5.836	PAIN	1
10	5.563	J NUCL MED	1
11	5.439	J ANTIMICROB CHEMOTH	1
12	5.397	MOL CANCER	1
13	5.286	MOL NEUROBIOL	2
14	5.286	NEURO – ONCOLOGY	1
15	5.218	J MOL CELL CARDIOL	1
16	5.177	CELL DEATH DIS	1
17	5.007	INT J CANCER	1
		合计篇数	19

7.5　河北大学 SCI 论文期刊影响因子分析

表 7-5　河北大学发表的 IF≥5.0 的 SCI 论文影响因子排名

序号	影响因子	期刊全称	发文篇数
1	6.852	GREEN CHEM	1
2	6.718	CHEM COMMUN	2
3	6.629	J MATER CHEM C	1
4	6.629	J MATER CHEM A	1
5	6.451	BIOSENS BIOELECTRON	1
6	6.22	J HIGH ENERGY PHYS	2
7	5.9	ACS APPL MATER INTER	1
8	5.877	J COSMOL ASTROPART P	1
9	5.825	ANAL CHEM	1
10	5.211	J POWER SOURCES	1
11	5.044	CHEMCATCHEM	1
12	5.039	BIORESOURCE TECHNOL	1
合计篇数	14		

7.6　河北工业大学 SCI 论文期刊影响因子分析

表 7-6　河北工业大学发表的 IF≥5.0 的 SCI 论文影响因子排名

序号	影响因子	期刊全称	发文篇数
1	12.098	COORDINATION CHEMISTRY REVIEWS	1
2	11.336	ANGEWANDTE CHEMIE - INTERNATIONAL EDITION	1
3	6.718	CHEMICAL COMMUNICATIONS	2
4	6.627	JOURNAL OF MATERIALS CHEMISTRY B	1
5	6.073	JOURNAL OF CATALYSIS	1
6	5.927	MACROMOLECULES	1
7	5.9	ACS APPLIED MATERIALS & INTERFACES	4
8	5.696	CHEMISTRY - A EUROPEAN JOURNAL	2
9	5.211	JOURNAL OF POWER SOURCES	1
10	5.078	SCIENTIFIC REPORTS	1
11	5.039	BIORESOURCE TECHNOLOGY	1
		合计篇数	16

7.7　河北师范大学 SCI 论文期刊影响因子分析

表 7-7　河北师范大学发表的 IF≥5.0 的 SCI 论文影响因子排名

序号	影响因子	期刊全称	发文篇数
1	9.575	PLANT CELL	1
2	7.728	PHYSICAL REVIEW LETTERS	2
3	7.394	PLANT PHYSIOLOGY	2
4	6.718	CHEMICAL COMMUNICATIONS	1
5	6.629	JOURNAL OF MATERIALS CHEMISTRY A	1
6	6.629	JOURNAL OF MATERIALS CHEMISTRY C	1
7	6.605	MOLECULAR PLANT	1
8	6.28	ASTROPHYSICAL JOURNAL	1
9	5.906	PLANT CELL AND ENVIRONMENT	2
10	5.297	BIOCHIMICA ET BIOPHYSICA ACTA - MOLECULAR CELL RESEARCH	1
11	5.226	MONTHLY NOTICES OF THE ROYAL ASTRONOMICAL SOCIETY	1
12	5.211	JOURNAL OF POWER SOURCES	2
13	5.044	CHEMCATCHEM	1
		合计篇数	17

7.8　河北联合大学 SCI 论文期刊影响因子分析

表 7-8　河北联合大学发表的 IF≥5.0 的 SCI 论文影响因子排名

序号	影响因子	期刊全称	发文篇数
1	5.078	SCIENTIFIC REPORTS	1
		合计篇数	1

7.9　河北农业大学 SCI 论文期刊影响因子分析

表 7-9　河北农业大学发表的 IF≥5.0 的 SCI 论文影响因子排名

序号	影响因子	期刊全称	发文篇数
1	10.742	NATURE COMMUNICATIONS	1
2	5.825	ANALYTICAL CHEMISTRY	1
3	5.794	JOURNAL OF EXPERIMENTAL BOTANY	1
4	5.48	FASEB JOURNAL	1
		合计篇数	4

7.10　河北科技大学 SCI 论文期刊影响因子分析

表 7－10　河北科技大学发表的 IF≥5.0 的 SCI 论文影响因子排名

序号	影响因子	期刊全称	发文篇数
1	7.837	CRITICAL REVIEWS IN BIOTECHNOLOGY	1
2	6.16	CARBON	1
3	6.007	APPLIED CATALYSIS B – ENVIRONMENTAL	3
4	5.078	SCIENTIFIC REPORTS	1
5	5.039	BIORESOURCE TECHNOLOGY	1
		合计篇数	7

7.11　河北工程大学 SCI 论文期刊影响因子分析

表 7－11　河北工程大学发表的 IF≥5.0 的 SCI 论文影响因子排名

序号	影响因子	期刊全称	发文篇数
1	5.298	ATMOSPHERIC CHEMISTRY AND PHYSICS	1
		合计篇数	1

7.12　河北科技师范学院 SCI 论文期刊影响因子分析

表 7－12　河北科技师范学院发表的 IF≥5.0 的 SCI 论文影响因子排名

序号	影响因子	期刊全称	发文篇数
1	6.718	CHEMICAL COMMUNICATIONS	1
		合计篇数	1

8. 河北高校 2014 年 SCI 论文期刊分区分析

由于不同学科之间的 SCI 期刊很难进行比较和评价，中国科学院国家科学图书馆对目前 SCI 核心库加上扩展库期刊的影响力等因素，以年度和学科为单位，对 SCI 期刊进行 4 个等级的划分，形成一套完成的评价期刊论文的指标体系——期刊分区。它将各学科的 SCI 期刊分为 Ⅰ 区（最高区）、Ⅱ 区、Ⅲ 区和Ⅳ区四个等级，各种学科也被归为 13 个大类，分别是工程技术、农林科学、化学、生物、医学、社会科学、综合性期刊、地学、地学天文、数学、物理、环境科学和管理科学，以及 173 种小类。发表在 Ⅰ 区和Ⅱ区的 SCI 论文，通常被认为是该学科领域的比较重要的成果。由于我国高校普遍采用大类分区，我们同样按大类分区对 SCI 论文进行统计分析。

河北省 14 所高校 2014 年 SCI 发文共计 3564 篇（重复不计），Ⅰ区论文 165 篇，Ⅱ区论文 752 篇，Ⅲ区论文 1052 篇，Ⅳ区论文 1595 篇（以上数据包含第一作者和合作者）。在此基础上，我们对第一作者署名单位的数据进行统计，并且按Ⅰ区论文篇数进行排序，结果详见表 8 - 1 所示。

从表 8 - 1 中可以看出，燕山大学Ⅰ区论文发文最多，为 31 篇，其次为河北工业大学 14 篇、河北大学 11 篇，其余都没有超过 10 篇，石家庄铁道大学、河北北方学院、河北科技师范学院、承德医学院、石家庄学院没有Ⅰ区论文。

需要说明的是，由于作者姓名英文写作的不规范，有的作者采用首字母缩略词，有的则采用全拼。我们写分析报告时沿用了数据库中原始格式，这样可能会发生一个作者分成两个的情况，对于核心作者的确定稍有影响，但是不影响整体排名。

表 8 - 1　河北省高校第一署名机构 SCI 论文期刊分区统计

序号	高校名称	Ⅰ区	Ⅱ区	Ⅲ区	Ⅳ区	合计
1	燕山大学	31	154	125	246	556
2	河北工业大学	14	70	88	119	291
3	河北大学	11	74	103	187	375
4	河北师范大学	9	57	75	71	212
5	河北医科大学	8	44	131	222	405
6	河北科技大学	8	28	20	49	105
7	河北农业大学	1	16	41	72	130
8	河北联合大学	1	16	30	81	128
9	河北工程大学	1	15	23	41	80
10	石家庄铁道大学	0	13	15	40	68
11	石家庄学院	0	3	2	10	15
12	河北科技师范大学	0	5	14	27	46
13	河北北方学院	0	6	15	23	44
14	承德医学院	0	0	8	11	19
	合计	84	501	690	1199	2474

9. 河北高校 2014 年 I 区论文分析

我们对 2014 年各高校所发表的 SCI 的 I 区论文按第一署名机构进行统计，并按作者发表 I 区论文的篇数进行排序，详细情况见以下各统计表（石家庄铁道大学、河北北方学院、河北科技师范学院、承德医学院、石家庄学院没有 I 区论文，未进行统计）。

表 9 – 1   燕山大学 I 区 SCI 论文统计

序号	发文篇数	作者	期刊名称	论文题名
1	3	Guo, Xiaoqiang	IEEE TRANSACTIONS ON POWER ELECTRONICS	Asymmetrical Grid Fault Ride – Through Strategy of Three – Phase Grid – Connected Inverter Considering Network Impedance Impact in Low – Voltage Grid
			IEEE TRANSACTIONS ON SMART GRID	Dynamic Phasors – Based Modeling and Stability Analysis of Droop – Controlled Inverters for Microgrid Applications
			RENEWABLE & SUSTAINABLE ENERGY REVIEWS	Overview of anti – islanding US patents for grid – connected inverters
2	2	Ma, Zhipeng	ACS APPLIED MATERIALS & INTERFACES	Tunable Morphology Synthesis of LiFePO4 Nanoparticles as Cathode Materials for Lithium Ion Batteries
			JOURNAL OF POWER SOURCES	Ionic conductor cerous phosphate and carbon hybrid coating LiFePO4 with improved electrochemical properties for lithium ion batteries
		Xu, Jiang	CARBON	Electrochemical performance of graphitized carbide – derived – carbon with hierarchical micro – and meso – pores in alkaline electrolyte
			JOURNAL OF POWER SOURCES	Effects of adding ethanol to KOH electrolyte on electrochemical performance of titanium carbide – derived carbon

序号	发文篇数	作者	期刊名称	论文题名
2	2	Zhang, Yan	JOURNAL OF MATERIALS CHEMISTRY A	A Ti – coated nano – SiC supported platinum electrocatalyst for improved activity and durability in direct methanol fuel cells
				Si3N4 whiskers modified with titanium as stable Pt electrocatalyst supports for methanol oxidation and oxygen reduction
3	1	Chang, Jinfa	JOURNAL OF POWER SOURCES	Effect of carbon material on Pd catalyst for formic acid electrooxidation reaction
		Ge, Chao	IEEE TRANSACTIONS ON NEURAL NETWORKS AND LEARNING SYSTEMS	New Delay – Dependent Stability Criteria for Neural Networks With Time – Varying Delay Using Delay – Decomposition Approach
		Hao, Chunxue	ADVANCED FUNCTIONAL MATERIALS	Controlled Incorporation of Ni（OH）（2）Nanoplates Into Flowerlike MoS2 Nanosheets for Flexible All – Solid – State Supercapacitors
		Hu, Jie	JOURNAL OF POWER SOURCES	Preparation of La1 – xCaxMnO3 perovskite – graphene composites as oxygen reduction reaction electrocatalyst in alkaline medium
		Huang, Haiming	BIORESOURCE TECHNOLOGY	Recovery and removal of ammonia – nitrogen and phosphate from swine wastewater by internal recycling of struvite chlorination product
		Huang, Quan	NATURE	Nanotwinned diamond with unprecedented hardness and stability
		Jiao, Xiaohong	IEEE TRANSACTIONS ON INDUSTRIAL ELECTRONICS	An Adaptive Servo Control Strategy for Automotive Electronic Throttle and Experimental Validation
		Li, Xiaoyu	INDUSTRIAL CROPS AND PRODUCTS	Primary characterization and protective effect of polysaccharides from Hohenbuehelia serotina against gamma – radiation induced damages in vitro

序号	发文篇数	作者	期刊名称	论文题名
3	1	Li, Yueming	JOURNAL OF MATE-RIALS CHEMISTRY A	N – doped TiO2 nanotubes/N – doped graphene nanosheets composites as high performance anode materials in lithium – ion battery
		Pan, Hong	CARBON	One – pot synthesis of shell/core structural N – doped carbide – derived carbon/SiC particles as electrocatalysts for oxygen reduction reaction
		Peng, Qiuming	JOURNAL OF THE A-MERICAN CHEMICAL SOCIETY	Unique Lead Adsorption Behavior of Activated Hydroxyl Group in Two – Dimensional Titanium Carbide
		Tang, Yongfu	JOURNAL OF POWER SOURCES	Morphology controlled synthesis of monodisperse cobalt hydroxide for supercapacitor with high performance and long cycle life
		Wang, Qianqian	JOURNAL OF THE A-MERICAN CHEMICAL SOCIETY	Direct Band Gap Silicon Allotropes
		Wen, Fusheng	CARBON	Enhanced laser scribed flexible graphene – based micro – supercapacitor performance with reduction of carbon nanotubes diameter
		Xiong, Mei	JOURNAL OF MATE-RIALS CHEMISTRY C	Novel three – dimensional boron nitride allotropes from compressed nanotube bundles
		Yang, Yana	IEEE TRANSACTIONS ON FUZZY SYSTEMS	Adaptive Fuzzy Finite – Time Coordination Control for Networked Nonlinear Bilateral Teleoperation System
		Yang, Z. N.	INTERNATIONAL JOURNAL OF PLAS-TICITY	Formation of duplex microstructure in $Zr – 2.3Nb$ alloy and its plastic behaviour at various strain rates
		Zang, Jianbing	APPLIED CATALYSIS B – ENVIRONMENTAL	Core – shell structured SiC@ C supported platinum electrocatalysts for direct methanol fuel cells
		Zhang, Lu	JOURNAL OF POWER SOURCES	Phase decomposition and electrochemical properties of single phase $La1.6Mg0.4Ni7$ alloy

续表

序号	发文篇数	作者	期刊名称	论文题名
3	1	Zhang, Xiaochun	BIORESOURCE TECHNOLOGY	New insight into the biological treatment by activated sludge: The role of adsorption process
		Zhao, Yuling	CARBON	Platinum nanoparticles supported on epitaxial TiC/ nanodiamond as an electrocatalyst with enhanced durability for fuel cells
		Zhao, Zhisheng	NANOSCALE	Carbon coated face – centered cubic Ru – C nano-alloys

表 9-2　河北工业大学 I 区 SCI 论文统计

序号	发文篇数	作者	期刊名称	论文题名
1	2	Jiang, Yanjun	BIORESOURCE TECHNOLOGY	Pickering emulsion stabilized by lipase – containing periodic mesoporous organosilica particles: A robust biocatalyst system for biodiesel production
			ACS APPLIED MATERIALS & INTERFACES	Preparation of Robust Biocatalyst Based on Cross – Linked Enzyme Aggregates Entrapped in Three – Dimensionally Ordered Macroporous Silica
2	1	Duan, Zhongyu	JOURNAL OF MATERIALS CHEMISTRY B	A photoacoustic approach for monitoring the drug release of pH – sensitive poly (beta – amino ester) s
		Jin, Peng	COORDINATION CHEMISTRY REVIEWS	Carbon atoms trapped in cages: Metal carbide clusterfullerenes
		Li, Peng	ANGEWANDTE CHEMIE – INTERNATIONAL EDITION	Luminescence Enhancement after Adding Stoppers to Europium (III) Nanozeolite L
		Lu, Aidang	JOURNAL OF AGRICULTURAL AND FOOD CHEMISTRY	Small Changes Result in Large Differences: Discovery of (-) – Incrustoporin Derivatives as Novel Antiviral and Antifungal Agents

续表

序号	发文篇数	作者	期刊名称	论文题名
2	1	Pan, Mingwang	MACROMOLECULES	Composite Poly（vinylidene fluoride）/Polystyrene Latex Particles for Confined Crystallization in 180 nm Nanospheres via Emulsifier – Free Batch Seeded Emulsion Polymerization
		Wang, Tianren	ACS APPLIED MATERIALS & INTERFACES	Color – Tunable Luminescence of Organoclay – Based Hybrid Materials Showing Potential Applications in White LED and Thermosensors
		Xing, Chengfen	ACS APPLIED MATERIALS & INTERFACES	Nucleobase – Functionalized Conjugated Polymer for Detection of Copper（II）
		Yuan, Hongbo	ACS APPLIED MATERIALS & INTERFACES	Ca2 + – Controlled Assembly for Visualized Detection of Conformation Changes of Calmodulin
		Zhang, Xu	SOFT MATTER	Robust hybrid raspberry – like hollow particles with complex structures: a facile method of swelling polymerization towards composite spheres
		Zhang, Yongguang	JOURNAL OF POWER SOURCES	Preparation of novel network nanostructured sulfur composite cathode with enhanced stable cycle performance
		Zhang, Yuecheng	JOURNAL OF CATALYSIS	Study on the conversion of glycerol to nitriles over a Fe19. 2K0. 2/gamma – Al2O3 catalyst
		Zhang, Zhe	INDUSTRIAL CROPS AND PRODUCTS	Intensification of the interfacial adsorption of whey soy protein in the liquid phase using a foam separation column with the vertical sieve tray internal

表 9 − 3　河北大学 I 区 SCI 论文统计

序号	发文篇数	作者	期刊名称	论文题名
1	2	Wang, Ke − Rang	BIOSENSORS & BIO-ELECTRONICS	Fluorescence turn − on sensing of protein based on mannose functionalized perylene bisimides and its fluorescence imaging
			MACROMOLECULAR RAPID COMMUNICA-TIONS	Synthesis of Biocompatible Glycodendrimer based on Fluorescent Perylene Bisimides and Its Bioimag-ing
2	1	Chen, Hongjian	FISH & SHELLFISH IMMU-NOLOGY	The involvement of cysteine − rich intestinal protein in early development and innate immunity of Asiat-ic hard clam, Meretrix meretrix
		Li, Ling	JOURNAL OF POWER SOURCES	Boron and sulfur co − doped TiO_2 nanofilm as ef-fective photoanode for high efficiency CdS quantum − dot − sensitized solar cells
		Li, Panlai	JOURNAL OF MATE-RIALS CHEMISTRY C	A novel, warm, white light − emitting phosphor Ca_2PO_4Cl：Eu^{2+}, Mn^{2+} for white LEDs
		Liu Wei	BIORESOURCE TECH-NOLOGY	Biochar influences the microbial community struc-ture during tomato stalk composting with chicken manure
		Luo, Zhiqiang	JOURNAL OF MATE-RIALS CHEMISTRY A	Liquid crystalline phase behavior and fiber spinning of cellulose/ionic liquid/halloysite nanotubes dis-persions
		Qiao, Jindong	JOURNAL OF AGRI-CULTURAL AND FOOD CHEMISTRY	Dispersive Solid − Phase Extraction Based on Mag-netic Dummy Molecularly Imprinted Microspheres for Selective Screening of Phthalates in Plastic Bot-tled Beverages
		Tang, Ting	FISH & SHELLFISH IM-MUNOLOGY	Functional analysis of Fenneropenaeus chinensis anti − lipopolysaccharide factor promoter regulated by lipopolysaccharide and (1, 3) − beta − D − glucan

续表

序号	发文篇数	作者	期刊名称	论文题名
2	1	Yuan, Zheng	ACS APPLIED MATE-RIALS & INTERFACES	Homogeneous and Sensitive Detection of microRNA with Ligase Chain Reaction and Lambda Exonuclease – Assisted Cationic Conjugated Polymer Biosensing
		Zhang, Qian	NONLINEAR ANALYSIS – REAL WORLD AP-PLICATIONS	Local well – posedness for the chemotaxis – Navier – Stokes equations in Besov spaces

表 9 – 4　河北师范大学 I 区 SCI 论文统计

序号	发文篇数	作者	期刊名称	论文题名
1	1	Xie, Qiguang	PLANT CELL	LNK1 and LNK2 Are Transcriptional Coactivators in the Arabidopsis Circadian Oscillator
		Gao, Ting	PHYSICAL REVIEW LETTERS	Permutationally Invariant Part of a Density Matrix and Nonseparability of N – Qubit States
		Bai, Yan – Kui		General Monogamy Relation for the Entanglement of Formation in Multiqubit Systems
		Yang, Zhenjun	LASER PHYSICS LET-TERS	Carrier – envelope phase of ultrashort pulsed Hermite – Gaussian beams on propagation
		Wu, Mingxing	JOURNAL OF POWER SOURCES	Highly effective Pt/MoSi2 composite counter electrode catalyst for dye – sensitized solar cell
		Meng, H. X.		Influence of M – B (M = Fe, Co, Ni) on aluminum – water reaction
		Wu, Jingjing	JOURNAL OF MATE-RIALS CHEMISTRY C	Controlled synthesis and optimum luminescence of Sm3 + – activated nano/submicroscale ceria particles by a facile approach
		Liu, Bo	JOURNAL OF MATE-RIALS CHEMISTRY A	Influence of conjugated pi – linker in D – D – pi – A indoline dyes: towards long – term stable and efficient dye – sensitized solar cells with high photovoltage
		Zhou, Haiyun	FIXED POINT THEORY AND APPLICATIONS	Viscosity approximation methods for nonexpansive nonself – mappings without boundary conditions

表 9 - 5　河北医科大学 I 区 SCI 论文统计

序号	发文篇数	作者	期刊名称	论文题名
1	2	Liu, Fengxia	LANCET	Education of health professionals in China
			LANCET ONCOLOGY	Global standards for paediatric oncology nursing in low – to – middle income countries
2	1	Liu Yueju	LANCET	Violence against doctors in China
		Wang Ying	BLOOD	Artesunate Enhanced Apoptosis of Human High Risk MDS Cells Induced By the DNMT Inhibitor Decitabine
		Wang, Beibei	BIOSENSORS & BIO-ELECTRONICS	An amperometric beta – glucan biosensor based on the immobilization of bi – enzyme on Prussian blue – chitosan and gold nanoparticles – chitosan nano-composite films
		Wang, J.	ONCOGENE	Downregulation of miR – 486 – 5p contributes to tumor progression and metastasis by targeting protumorigenic ARHGAP5 in lung cancer
		Wang, Xiufang	AGEING RESEARCH REVIEWS	A genetic program theory of aging using an RNA population model
		Zhang, Xiaolan	HEPATOLOGY	DSS – induced Chronic Colitis Aggravates Inflammation and Fibrogenesis in Mice with CCl4 – induced Hepatic Fibrosis

表 9-6　河北科技大学 I 区 SCI 论文统计

序号	发文篇数	作者	期刊名称	论文题名
1	3	Chen, Aibing	JOURNAL OF HAZ-ARDOUS MATERIALS	A co – confined carbonization approach to aligned nitrogen – doped mesoporous carbon nanofibers and its application as an adsorbent
				Solid – solid grinding/templating route to magneti-cally separable nitrogen – doped mesoporous carbon for the removal of Cu2 + ions
			CARBON	Aqueous – phase synthesis of nitrogen – doped or-dered mesoporous carbon nanospheres as an effi-cient adsorbent for acidic gases
2	2	Li, Fa – tang	APPLIED CATALYSIS B - ENVIRONMENTAL	In – situ one – step synthesis of novel BiOCl/Bi24O31Cl10 heterojunctions via self – combustion of ionic liquid with enhanced visible – light photo-catalytic activities
				Ionic – liquid – assisted synthesis of high – visible – light – activated N – B – F – tri – doped meso-porous TiO2 via a microwave route
3	1	Cui, Jian Dong	CRITICAL REVIEWS IN BIOTECHNOLOGY	Biotechnological production and applications of mi-crobial phenylalanine ammonia lyase: a recent re-view
		Wang, Desong	APPLIED CATALYSIS B - ENVIRONMENTAL	An efficient visible – light photocatalyst prepared from g – C3N4 and polyvinyl chloride
		Zhong, Weizhang	BIORESOURCE TECH-NOLOGY	Effect of thermal – alkaline pretreatment on the an-aerobic digestion of streptomycin bacterial residues for methane production

表 9 - 7　河北联合大学 I 区 SCI 论文统计

序号	发文篇数	作者	期刊名称	论文题名
1	1	Cui, Wenquan	JOURNAL OF HAZARDOUS MATERIALS	Novel Cu2O quantum dots coupled flower – like BiOBr for enhanced photocatalytic degradation of organic contaminant

表 9 - 8　河北农业大学 I 区 SCI 论文统计

序号	发文篇数	作者	期刊名称	论文题名
1	1	Xing, Lifang	MOLECULAR BREEDING	Molecular mapping of leaf rust resistance gene Lr-Fun in Romanian wheat line Fundulea 900

表 9 - 9　河北工程大学 I 区 SCI 论文统计

序号	发文篇数	作者	期刊名称	论文题名
1	1	Wang, L. T.	ATMOSPHERIC CHEMISTRY AND PHYSICS	The 2013 severe haze over southern Hebei, China: model evaluation, source apportionment, and policy implications

10. 河北高校 2014 年 SCI 论文被引频次分析

10.1　河北省 14 所高校 SCI 论文总体概况

根据 SCI 数据库的引用报告，我们对河北省 14 所高校的 2014 年 SCI 论文当年被引的整体情况进行了统计，列表 10 - 1 所示。

表 10 - 1　河北省 14 所高校 SCI 论文 2014 年当年被引排名

序号	高校名称	第一署名机构发文	总被引频次	篇均被引频次
1	燕山大学	556	502	0.90
2	河北医科大学	404	311	0.77
3	河北大学	375	331	0.88

续表

序号	高校名称	第一署名机构发文	总被引频次	篇均被引频次
4	河北师范大学	291	229	0.79
5	河北工业大学	212	262	1.24
6	河北联合大学	127	170	1.34
7	河北农业大学	130	98	0.75
8	河北科技大学	105	102	0.97
9	河北工程大学	81	64	0.79
10	石家庄铁道大学	67	42	0.63
11	河北科技师范大学	46	60	1.30
12	河北北方学院	44	34	0.77
13	承德医学院	19	6	0.32
14	石家庄学院	15	3	0.20
	合计	2 472	2 214	0.90

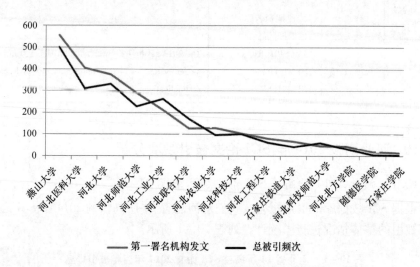

图 10-1　河北省 14 所高校发文数量与总被引频次分析

10.2　河北省 14 所高校 SCI 论文单篇被引频次分析

我们对河北省 14 所高校 2014 年发表的 SCI 论文单篇被引频次大于 5（包

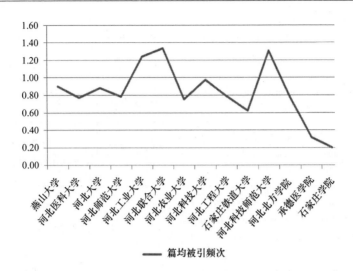

——篇均被引频次

图 10 - 2　河北省 14 所高校第一署名机构发文篇均被引频次分析

含 5）的发文情况进行了统计分析（按第一作者机构统计），燕山大学有 18 篇，河北师范大学有 16 篇，河北大学有 13 篇，河北医科大学有 12 篇，河北联合大学有 9 篇，河北工业大学有 9 篇，河北科技大学有 6 篇，河北农业大学有 4 篇，河北科技师范学院有 4 篇，河北工程大学有 3 篇，石家庄铁道大学有 2 篇，河北北方学院有 1 篇，共计 97 篇。详见如表 10 - 2 ~ 表 10 - 13 所示，承德医学院和石家庄学院均无被引频次大于 5 的论文。

表 10 - 2　燕山大学 2014 年被引频次大于 5 的 SCI 论文排名

被引频次	论文题名	第一作者	期刊名称
26	Unique Lead Adsorption Behavior of Activated Hydroxyl Group in Two - Dimensional Titanium Carbide	Peng, Qiuming	JOURNAL OF THE AMERICAN CHEMICAL SOCIETY
24	Effect of aspect ratio and surface defects on the photocatalytic activity of ZnO nanorods	Zhang, Xinyu	SCIENTIFIC REPORTS
18	Morphology controlled synthesis of monodisperse cobalt hydroxide for supercapacitor with high performance and long cycle life	Tang, Yongfu	JOURNAL OF POWER SOURCES

被引频次	论文题名	第一作者	期刊名称
10	Nanotwinned diamond with unprecedented hardness and stability	Huang, Quan	NATURE
9	Core – shell structured SiC @ C supported platinum electrocatalysts for direct methanol fuel cells	Zang, Jian-bing	APPLIED CATALYSIS B – ENVIRONMENTAL
8	Constructing Fe3O4@ N – rich Carbon Core – Shell Microspheres as Anode for Lithium Ion Batteries with Enhanced Electrochemical Performance	Wang, Caixia	ELECTROCHIMICA ACTA
8	Core – Shell – Structured Monodisperse Copolymer/Silica Particle Suspension and Its Electrorheological Response	Liu, Ying Dan	LANGMUIR
8	Hydrothermal synthesis of a flower – like nano – nickel hydroxide for high performance supercapacitors	Tang, Yongfu	ELECTROCHIMICA ACTA
7	Electrodeposition of Ni（OH）（2）/Ni/ graphene composites under supergravity field for supercapacitor application	Liu, Tingting	MATERIALS LETTERS
7	Platinum nanoparticles supported on epitaxial TiC/nanodiamond as an electrocatalyst with enhanced durability for fuel cells	Zhao, Yuling	CARBON
6	Effects of Mo, Cr and Nb on microstructure and mechanical properties of heat affected zone for Nb – bearing X80 pipeline steels	Chen, Xiao – wei	MATERIALS & DESIGN
6	Study on phase formation mechanism and electrochemical properties of La0.75 – xNdxMg0.25Ni3.3（x = 0, 0.15）alloys prepared by powder sintering	Wang, Jinding	JOURNAL OF ALLOYS AND COMPOUNDS

续表

被引频次	论文题名	第一作者	期刊名称
5	Composites of olive – like manganese oxalate on graphene sheets for supercapacitor electrodes	Liu, Tingting	IONICS
	Control of epileptiform spikes based on nonlinear unscented Kalman filter	Liu Xian	CHINESE PHYSICS B
	Controllable synthesis, morphology evolution and electrochemical properties of LiFePO4 cathode materials for Li – ion batteries	Song, Jianjun	PHYSICAL CHEMISTRY CHEMICAL PHYSICS
	Electrochemical performance of graphitized carbide – derived – carbon with hierarchical micro – and meso – pores in alkaline electrolyte	Xu, Jiang	CARBON
	Finite – time consensus tracking of second – order multi – agent systems via nonsingular TSM	Zhao, Li – Wei	NONLINEAR DYNAMICS
	Nickel Induces Interleukin – 1 beta Secretion via the NLRP3 – ASC – Caspase – 1 Pathway	Li, Xiujin	INFLAMMATION

表 10 – 3　河北师范大学 2014 年被引频次大于 5 的 SCI 论文排名

被引频次	论文题名	第一作者	期刊名称
14	Influence of conjugated pi – linker in D – D – pi – A indoline dyes: towards long – term stable and efficient dye – sensitized solar cells with high photovoltage	Liu, Bo	JOURNAL OF MATERIALS CHEMISTRY A
	Recent Progress of Counter Electrode Catalysts in Dye – Sensitized Solar Cells	Wu, Mingxing	JOURNAL OF PHYSICAL CHEMISTRY C
13	Ionic liquid supported on magnetic nanoparticles as highly efficient and recyclable catalyst for the synthesis of beta – keto enol ethers	Li, Pei – He	CATALYSIS COMMUNICATIONS

续表

被引频次	论文题名	第一作者	期刊名称
11	Nano CoFe2O4 supported antimony（Ⅲ）as an efficient and recyclable catalyst for one – pot three – component synthesis of multisubstituted pyrroles	Li, Bao – Le	RSC ADVANCES
10	Nano – CoFe2O4 supported molybdenum as an efficient and magnetically recoverable catalyst for a one – pot, four – component synthesis of functionalized pyrroles	Li, Bao – Le	NEW JOURNAL OF CHEMISTRY
9	Investigation of magnetic ordering and cation distribution in the spinel ferrites CrxFe3 – xO4（0.0 < =x < =1.0）	Tang, G. D.	PHYSICA B – CONDENSED MATTER
7	General Monogamy Relation for the Entanglement of Formation in Multiqubit Systems	Bai, Yan – Kui	PHYSICAL REVIEW LETTERS
	Simulation on gamma ray astronomy research with LHAASO – KM2A	Cui, Shuwang	ASTROPARTICLE PHYSICS
6	Cation distributions estimated using the magnetic moments of the spinel ferrites Co1 – xCrxFe2O4 at 10 K	Shang Zhi – Feng	CHINESE PHYSICS B
	Magnetic CoFe2O4 nanoparticle immobilized N – propyl diethylenetriamine sulfamic acid as an efficient and recyclable catalyst for the synthesis of amides via the Ritter reaction	Zhao, Xiao – Na	APPLIED CATALYSIS A – GENERAL
	Morphological variability and molecular characterisation of Dichelyne（Cucullanellus）pleuronectidis（Yamaguti, 1935）（Ascaridida: Cucullanidae）from the flatfish Pleuronichthys cornutus（Temminck & Schlegel）（Pleuronectiformes: Pleuronectidae）in the Eas	Li, Liang	SYSTEMATIC PARASITOLOGY
	Superparamagnetic CuFeO2 Nanoparticles in Deep Eutectic Solvent: an Efficient and Recyclable Catalytic System for the Synthesis of Imidazo [1, 2 – a] pyridines	Lu, Jun	CHEMCATCHEM

被引频次	论文题名	第一作者	期刊名称
5	An Unusual Metallic Oxygen Cluster Consisting of a ｛AlMo12O40（MoO2）｝	Han, Zhan – Gang	INORGANIC CHEMISTRY
	Electric field – induced magnetic switching in Mn：ZnO film	Ren, S. X.	APPLIED PHYSICS LETTERS
	Experimental evidence for the magnetic moment directions of Cr2 + and Cr3 + cations in the spinel ferrites Cux1Crx2Fe3 – x1 – x2O4	Zhang, X. Y.	PHYSICA B – CONDENSED MATTER
	Pulse bursts with a controllable number of pulses from a mode – locked Yb – doped all fiber laser system	Li, Xingliang	OPTICS EXPRESS

表 10 – 4　河北大学 2014 年被引频次大于 5 的 SCI 论文排名

被引频次	论文题名	第一作者	期刊名称
12	A series of Zn（Ⅱ）coordination polymers derived from dicarboxylate acids and flexible imidazole – based ligands：Syntheses, crystal structures and photoluminescent properties	Mu, Ya – Juan	POLYHEDRON
11	A self – assembly pipette tip graphene solid – phase extraction coupled with liquid chromatography for the determination of three sulfonamides in environmental water	Sun, Ning	ANALYTICA CHIMICA ACTA
10	Highly Sensitive and Specific Multiplexed MicroRNA Quantification Using Size – Coded Ligation Chain Reaction	Zhang, Pengbo	ANALYTICAL CHEMISTRY
8	Non – Naive Bayesian Classifiers for Classification Problems With Continuous Attributes	Wang, Xi – Zhao	IEEE TRANSACTIONS ON CYBERNETICS

续表

被引频次	论文题名	第一作者	期刊名称
7	A fluorescence spectroscopic study of the interaction between Glipizide and bovine serum albumin and its analytical application	Cao, Shina	JOURNAL OF LUMINESCENCE
	Induced generalized hesitant fuzzy operators and their application to multiple attribute group decision making	Zhang, Zhiming	COMPUTERS & INDUSTRIAL ENGINEERING
6	Luminescence and energy transfer of Ce3 + – Eu2 + in BaMg2 (PO4) (2)	Wang, Zhijun	JOURNAL OF ALLOYS AND COMPOUNDS
	Optical thermometry based on the upconversion fluorescence from Yb3 + /Er3 + codoped La2O2S phosphor	Yang, Yanmin	CERAMICS INTERNATIONAL
	Periodic – driven vibration of discharge filaments induced by surface charges in a dielectric – barrier discharge	Li, Ben	JOURNAL OF PHYSICS D – APPLIED PHYSICS
5	Bayesian classifiers based on probability density estimation and their applications to simultaneous fault diagnosis	He, Yu – Lin	INFORMATION SCIENCES
	Development of a novel imidazolium – based aromatic quaternary ammonium tag: Synthesis and application to the efficient analysis of cysteinyl – peptides by mass spectrometry	Qiao, Xiaoqiang	RAPID COMMUNICATIONS IN MASS SPECTROMETRY
	Protective Effect of Metformin on Myocardial Injury in Metabolic Syndrome Patients following Percutaneous Coronary Intervention	Li, Jing	CARDIOLOGY
	Synthesis and characterization of biotin modified cholesteryl pullulan as a novel	Yang, Wenzhi	CARBOHYDRATE POLYMERS

表 10 - 5　河北医科大学 2014 年被引频次大于 5 的 SCI 论文排名

被引频次	论文题名	第一作者	期刊名称
13	Downregulation of miR - 486 - 5p contributes to tumor progression and metastasis by targeting protumorigenic ARHGAP5 in lung cancer	Wang, J.	ONCOGENE
10	MicroRNA - 155 modulates Th1 and Th17 cell differentiation and is associated with multiple sclerosis and experimental autoimmune encephalomyelitis	Zhang, Jing	JOURNAL OF NEUROIMMUNOLOGY
9	Penehyclidine hydrochloride inhibits the release of high - mobility group box 1 in lipopolysaccharide - activated RAW264. 7 cells and cecal ligation and puncture - induced septic mice	Yang, Qiang	JOURNAL OF SURGICAL RESEARCH
8	Atorvastatin Protects Vascular Smooth Muscle Cells From TGF - beta 1 - Stimulated Calcification by Inducing Autophagy via Suppression of the beta - Catenin Pathway	Liu, Demin	CELLULAR PHYSIOLOGY AND BIOCHEMISTRY
7	MicroRNA - 214 Protects Cardiac Myocytes Against H2O2 - Induced Injury	Lv, Guangwei	JOURNAL OF CELLULAR BIOCHEMISTRY
7	Notch and TGF - beta/Smad3 pathways are involved in the interaction between cancer cells and cancer - associated fibroblasts in papillary thyroid carcinoma	Zhang, Jie	TUMOR BIOLOGY
6	Age - Related Alterations in the Metabolic Profile in the Hippocampus of the Senescence - Accelerated Mouse Prone 8: A Spontaneous Alzheimer's Disease Mouse Model	Wang, Hualong	JOURNAL OF ALZHEIMERS DISEASE
6	Risk of fracture with thiazolidinediones: An updated meta - analysis of randomized clinical trials	Zhu, Zhong - Ning	BONE
6	ZNF139 promotes tumor metastasis by increasing migration and invasion in human gastric cancer cells	Li, Y.	NEOPLASMA

续表

被引频次	论文题名	第一作者	期刊名称
5	An amperometric beta – glucan biosensor based on the immobilization of bi – enzyme on Prussian blue – chitosan and gold nanoparticles – chitosan nanocomposite films	Wang, Beibei	BIOSENSORS & BIOELEC-TRONICS
	Metformin protects against seizures, learning and memory impairments and oxidative damage induced by pentylenetetrazole – induced kindling in mice	Zhao, Ran – ran	BIOCHEMICAL AND BIO-PHYSICAL RESEARCH COMMUNICA-TIONS
	Mitochondrial permeability transition pore plays a role in the cardioprotection of CB2 receptor against ischemia – reperfusion injury	Li, Qian	CANADIAN JOURNAL OF PHYSIOLOGY AND PHARMACOLOGY

表 10 – 6　河北联合大学 2014 年被引频次大于 5 的 SCI 论文排名

被引频次	论文题名	第一作者	期刊名称
19	PseKNC：A flexible web server for generating pseudo K – tuple nucleotide composition	Chen, Wei	ANALYTICAL BIOCHEM-ISTRY
15	iTIS – PseTNC：A sequence – based predictor for identifying translation initiation site in human genes using pseudo trinucleotide composition	Chen, Wei	ANALYTICAL BIOCHEM-ISTRY
11	iSS – PseDNC：Identifying Splicing Sites Using Pseudo Dinucleotide Composition	Chen, Wei	BIOMED RESEARCH IN-TERNATIONAL
7	Four cobalt（II）coordination polymers with diverse topologies derived from flexible bis（benzimidazole）and aromatic dicarboxylic acids：syntheses, crystal structures and catalytic properties	Wang, Xiao Xiao	RSC ADVANCES
	Structural modulation of Co（II）coordination polymers with flexible bis（benzimidazole）and different dicarboxylate ligands	Qin, Li	JOURNAL OF MOLECU-LAR STRUCTURE

续表

被引频次	论文题名	第一作者	期刊名称
6	An unprecedented binodal（4，10）– connected metal – organic framework based on pentanuclear cobalt（II）clusters	Hao，Jin – ming	INORGANIC CHEMISTRY COMMUNICATIONS
	Synthesis，crystal structures，luminescence properties of two metal coordination polymers derived from 5 – substituted isophthalate and flexible bis（triazole）ligands	Ming，Chun – lun	SPECTROCHIMICA ACTA PART A – MOLECULAR AND BIOMOLECULAR SPECTROSCOPY
5	Facile hydrothermal synthesis of nanocomposite Ag@ AgCl/K2Ti4O9 and photocatalytic degradation under visible light irradiation	Liang，Yinghua	JOURNAL OF MOLECULAR CATALYSIS A – CHEMICAL
	One – and two – dimensional cobalt（II）coordination polymers derived from flexible bis（benzimidazole）and aromatic carboxylate co – ligands	Wang，Xiao Xi-ao	TRANSITION METAL CHEMISTRY

表 10 – 7　河北工业大学 2014 年被引频次大于 5 的 SCI 论文排名

被引频次	论文题名	第一作者	期刊名称
14	Luminescence Enhancement after Adding Stoppers to Europium（III）Nanozeolite L	Li，Peng	ANGEWANDTE CHEMIE – INTERNATIONAL EDITION
10	Carbon atoms trapped in cages： Metal carbide clusterfullerenes	Jin，Peng	COORDINATION CHEMISTRY REVIEWS

续表

被引频次	论文题名	第一作者	期刊名称
8	Pickering emulsion stabilized by lipase – containing periodic mesoporous organosilica particles: A robust biocatalyst system for biodiesel production	Jiang, Yanjun	BIORESOURCE TECHNOLOGY
	The First Europium (III) b – Diketonate Complex Functionalized Polyhedral Oligomeric Silsesquioxane	Chen, Xiaofan	CHEMISTRY – A EUROPEAN JOURNAL
6	Color – Tunable Luminescence of Organoclay – Based Hybrid Materials Showing Potential Applications in White LED and Thermosensors	Wang, Tianren	ACS APPLIED MATERIALS & INTERFACES
5	Compressive properties of closed – cell aluminum foams with different contents of ceramic microspheres	Xia, Xingchuan	MATERIALS & DESIGN
	Enantioselective oxidation of racemic secondary alcohols catalyzed by chiral Mn (III) – salen complex with sodium hypochlorite as oxidant	Zhang, Yuecheng	CATALYSIS COMMUNICATIONS
	Popcorn – like morphology of asymmetric nanoparticles co – adjusted by hydrophilicity and crosslinking degree of the seeds	Liu, Xiao	RSC ADVANCES
	The effect of MgO coating on Li1. 17Mn0. 48Ni0. 23Co0. 12O2 cathode material for lithium ion batteries	Han, Enshan	SOLID STATE IONICS

表 10 - 8　河北科技大学 2014 年被引频次大于 5 的 SCI 论文排名

被引频次	论文题名	第一作者	期刊名称
17	In - situ one - step synthesis of novel BiOCl/Bi24O31Cl10 heterojunctions via self - combustion of ionic liquid with enhanced visible - light photocatalytic activities	Li, Fa - tang	APPLIED CATALYSIS B - ENVIRONMENTAL
15	Ionic - liquid - assisted synthesis of high - visible - light - activated N - B - F - tri - doped mesoporous TiO2 via a microwave route	Li, Fa - tang	APPLIED CATALYSIS B - ENVIRONMENTAL
9	An efficient visible - light photocatalyst prepared from g - C3N4 and polyvinyl chloride	Wang, Desong	APPLIED CATALYSIS B - ENVIRONMENTAL
6	Oxidative desulfurization of dibenzothiophene based on air and cobalt phthalocyanine in an ionic liquid	Zhang, Juan	RSC ADVANCES
5	An efficient visible light photocatalyst poly (3 - hexylthiophene) /CdS nanocomposite with enhanced antiphotocorrosion property	Duan, Yandong	SUPERLATTICES AND MICROSTRUCTURES
	SnO2/g - C3N4 photocatalyst with enhanced visible - light photocatalytic activity	Yin, Rong	JOURNAL OF MATERIALS SCIENCE

表 10 - 9　河北农业大学 2014 年被引频次大于 5 的 SCI 论文排名

被引频次	论文题名	第一作者	期刊名称
9	Determination of Triazole Fungicides in Vegetable Samples by Magnetic Solid - Phase Extraction with Graphene - Coated Magnetic Nanocomposite as Adsorbent Followed by Gas Chromatography - Mass Spectrometry Detection	Wang, Lu	FOOD ANALYTICAL METHODS

续表

被引频次	论文题名	第一作者	期刊名称
8	Solid – phase microextraction with a graphene – composite – coated fiber coupled with GC for the determination of some halogenated aromatic hydrocarbons in water samples	Zhang, Guijiang	JOURNAL OF SEPARA-TION SCIENCE
7	A solid phase microextraction fiber coated with graphene – poly（ethylene glycol）composite for the extraction of volatile aromatic compounds from water samples	Li, Zhi	TALANTA
6	Extraction of carbamate pesticides in fruit samples by graphene reinforced hollow fibre liquid microextraction followed by high performance liquid chromatographic detection	Ma, Xiaoxing	FOOD CHEMISTRY

表 10 – 10　河北科技师范学院 2014 年被引频次大于 5 的 SCI 论文排名

被引频次	论文题名	第一作者	期刊名称
10	Fluorescence lifetimes and quantum yields of ten rhodamine derivatives：Structural effect on emission mechanism in different solvents	Zhang, Xian – Fu	JOURNAL OF LUMINES-CENCE
9	Accurate prediction of protein structural classes by incorporating predicted secondary structure information into the general form of Chou's pseudo amino acid composition	Kong, Liang	JOURNAL OF THEORETI-CAL BIOLOGY
6	Enhanced novel orange red emission in Ca – 3（PO4）（2）：Sm3 + by charge compensation	Zhang, Zhi – wei	OPTICS AND LASER TECHNOLOGY
5	Significant Influence of Distance between A-mine Groups on Intrinsic Fluorescence Properties	Cao, Lei	CHEMISTRY LETTERS

表 10 – 11　河北工程大学 2014 年被引频次大于 5 的 SCI 论文排名

被引频次	论文题名	第一作者	期刊名称
12	The 2013 severe haze over southern Hebei, China: model evaluation, source apportionment, and policy implications	Wang, L. T.	ATMOSPHERIC CHEMISTRY AND PHYSICS
7	Bronsted acid – surfactant – combined catalyst for the Mannich reaction in water	Chang, Tao	RSC ADVANCES
5	Buckling and free vibration of magnetoelectro-elastic nanoplate based on nonlocal theory	Li, Y. S.	COMPOSITE STRUCTURES

表 10 – 12　石家庄铁道大学 2014 年被引频次大于 5 的 SCI 论文排名

被引频次	论文题名	第一作者	期刊名称
6	Highly Solar Radiation Reflective Cr2O3 – 3TiO (2) Orange Nanopigment Prepared by a Polymer – Pyrolysis Method	Li, Yuan – Qing	ACS SUSTAINABLE CHEMISTRY & ENGINEERING
5	Ce – doped SiO2 @ TiO2 nanocomposite as an effective visible light photocatalyst	Sun, Xiuguo	JOURNAL OF ALLOYS AND COMPOUNDS

表 10 – 13　河北北方学院 2014 年被引频次大于 5 的 SCI 论文排名

被引频次	论文题名	第一作者	期刊名称
5	Effects of Nd – doping on the structure and electrochemical properties of Li3V2 (PO4) (3) /C synthesized using a microwave solid – state route	Wang, Yongli	SOLID STATE IONICS

11. 河北高校 2014 年 SCI 论文核心作者分析

根据文献计量学理论，同时结合河北省各高校 2014 年 SCI 发文情况，把一年内以第一作者 SCI 发文在 3 篇及其以上的作者定义为 SCI 论文的核心作者。以此为依据对河北省各高校的 SCI 核心作者进行统计，核心作者人数最多的是燕山大学 47 人，承德医学院未形成核心作者，各高校 SCI 论文的核心作者排名见表 11 – 1 所示。

表 11 –1　河北省 14 所高校 SCI 第一作者、核心作者统计

序号	高校名称	核心作者（人）	第一作者发文（篇）	第一作者（人）	人均发文（篇）	核心作者发文（篇）	核心作者人均发文（篇）
1	燕山大学	47	556	356	1.56	183	3.89
2	河北大学	25	375	255	1.47	101	4.04
3	河北工业大学	15	291	210	1.39	61	4.07
4	河北联合大学	13	127	73	1.74	56	4.31
5	河北医科大学	12	405	330	1.23	54	4.50
6	河北农业大学	7	130	99	1.31	25	3.57
7	河北工程大学	7	80	53	1.51	26	3.71
8	石家庄铁道大学	7	67	39	1.72	30	4.29
9	河北师范大学	6	212	178	1.19	21	3.50
10	河北科技大学	5	105	72	1.46	18	3.60
11	河北科技师范学院	4	46	26	1.77	18	4.50
12	石家庄学院	3	15	7	2.14	11	3.67
13	河北北方学院	1	44	32	1.38	5	5.00
14	承德医学院	0	19	18	1.06	0	0.00

2014 年河北省 14 所高校 SCI 论文核心作者具体情况详见表 11 – 2 ~ 表 11 –14。

表 11 –2　燕山大学 2014 年 SCI 论文核心作者分析

序号	发文篇数	第一作者	共计发文（篇）
1	8	Xu Lizhong	8
2	7	Hu Jie	28
		Hua Changchun	
		Lu Yi	
		Yang Hongjiu	

序号	发文篇数	第一作者	共计发文（篇）
3	5	Huang Haiming	20
		Jiao Tifeng	
		Ma Zhipeng	
		Zhang Yucun	
4	4	Chen Yiming	52
		Du Jinglian	
		Guo Xiaoqiang	
		Hu Meng	
		Liu Bin	
		Liu Shuang	
		Liu Xian	
		Liu Ying Dan	
		Tang Yongfu	
		Wen Shuhuan	
		Wu Huaiqin	
		Yang Jian	
		Zhao Yufeng	
5	3	Chen Hailiang	
		Chen Ying	
		Dou Chunxia	
		Hu Bo	
		Jin Shunfu	
		Li Guoqiang	
		Li Junpeng	
		Li Ming	
		Li Yingwei	
		Liang S. X.	
		Liu C. S.	
		Liu Tingting	
		Lu Zhigang	

序号	发文篇数	第一作者	共计发文（篇）
5	3	Lv Z. Q.	75
		Ma Yuechao	
		Peng Qiuming	
		Qin Li	
		Shen Dejiu	
		Sun Wei	
		Tan Y. B.	
		Wang Guiling	
		Xu Jiang	
		Yan Jing	
		Yang Jingkai	
		Zhang Jinhui	

表 11 - 3　河北大学 2014 年 SCI 论文核心作者分析

序号	发文篇数	第一作者	共计发文（篇）
1	8	Wang Zhijun	8
2	6	Li Xuechen	18
		Yang Yanmin	
		Yang Yuxia	
3	5	Bai Guoyi	20
		Li Lijun	
		Li Panlai	
		Wang KeRang	
4	4	Dong Lifang	16
		Wang XiZhao	
		Yan Hongyuan	
		Zhang Zhiming	
5	3	Bian Xun	
		Chang Ruixue	
		He Shoujie	

序号	发文篇数	第一作者	共计发文（篇）
5	3	Li Ben	39
		Lv YunKai	
		Qiao Xiaoqiang	
		Wang Peiguang	
		Wang Shufang	
		Yan Xiaobing	
		Yang Shaopeng	
		Yang Zhiping	
		Zhai YongQing	
		Zhang Fubin	

表 11 - 4　河北工业大学 2014 年 SCI 论文核心作者分析

序号	发文篇数	第一作者	共计发文（篇）
1	9	Wang Fei	9
2	6	Jiang Yanjun	12
		Zhang Yuecheng	
3	5	Mo ZhaoJun	10
		Yang Xiaoguang	
4	3	Duan Zhongyu	30
		Li Peng	
		Liu Jie	
		Qin Dashan	
		Sun Shujuan	
		Xie Hongxian	
		Yao Yingwu	
		Zhao Chunmei	
		Liang Chunyong	
		Wang Xiaotian	

表 11 –5 河北联合大学 2014 年 SCI 论文核心作者分析

序号	发文篇数	第一作者	共计发文（篇）
1	6	Hao JinMing	18
		Liang YingHua	
		Ming ChunLun	
2	5	Chen Wei	15
		Cui Wenquan	
		Yang AiMin	
3	4	Wang XiaoXiao	8
		Zhang Zhenying	
4	3	Feng Pengmian	12
		Ge Chao	
		Li GuangYue	
		Qin Li	

表 11 –6 河北医科大学 2014 年 SCI 论文核心作者分析

序号	发文篇数	第一作者	共计发文（篇）
1	18	Liu Yueju	18
2	5	Wu Yibing	5
3	4	Li Suolin	4
4	3	Guo Wei	27
		Li Yong	
		Li Yongjun	
		Liu Fengxia	
		Wang Qi	
		Wang Shuai	
		Zhang Feng	
		Zhang Wei	
		Zhang Yan	

表 11 - 7　河北农业大学 2014 年 SCI 论文核心作者分析

序号	发文篇数	第一作者	共计发文（篇）
1	4	Shi Haiyan	16
		Wang Lu	
		Yuan Wanzhe	
		Zhang Guijiang	
2	3	Han Xianzhong	9
		Sun Meng	
		Yang Xiumin	

表 11 - 8　河北工程大学 2014 年 SCI 论文核心作者分析

序号	发文篇数	第一作者	共计发文（篇）
1	5	Gao Xiaorui	10
		Li Y. S.	
2	4	Li Yancang	4
3	3	Che Hongwei	12
		Liu Z.	
		Pei Zhenzhao	
		Zhao Jijun	

表 11 - 9　石家庄铁道大学 2014 年 SCI 论文核心作者分析

序号	发文篇数	第一作者	共计发文（篇）
1	5	Fang XueQian	15
		Wang YanZhao	
		Xiao Fengjuan	
2	4	Feng W. J.	12
		Shen Yongjun	
		Zhi Xiaohui	
3	3	Li Yanting	3

表 11 -10　河北师范大学 2014 年 SCI 论文核心作者分析

序号	发文篇数	第一作者	共计发文（篇）
1	4	Ding Keqiang	12
		Li Liang	
		Wu Mingxing	
2	3	Bai YanKui	9
		Hou Bo	
		Li Xingliang	

表 11 -11　河北科技大学 2014 年 SCI 论文核心作者分析

序号	发文篇数	第一作者	共计发文（篇）
1	5	Chen Aibing	5
2	4	Cui JianDong	4
3	3	Li Fatang	12
		Liu Shaojie	
		Sun Zhanying	
		Zhang Yue	

表 11 -12　河北科技师范学院 2014 年 SCI 论文核心作者分析

序号	发文篇数	第一作者	共计发文（篇）
1	5	Zheng XueFang	15
		Zhang XianFu	
		Zhang Zhiwei	
2	3	Lian Qi	3

表 11 -13　石家庄学院 2014 年 SCI 论文核心作者分析

序号	发文篇数	第一作者	共计发文（篇）
1	4	He Jingyu	8
		Zhang Shaoyan	
2	3	Liu Sijie	3

表 11 – 14　河北北方学院 2014 年 SCI 论文核心作者分析

序号	发文篇数	第一作者	共计发文（篇）
1	5	Zhao Zigang	5

12. 结果分析

12.1　河北高校 SCI 发文排名仍然保持稳定增长，并且又增加的新的分析院校

从分析结果看，我省各高校 SCI 发文数量仍然保持稳定，第一梯队的学校增加了河北工业大学，第一梯队的排名依次是燕山大学、河北医科大学、河北大学、河北工业大学，并且这些学校发文数量不同程度地有所增加。

此外，承德医学院和石家庄学院作为地方高校，在 2014 年 SCI 论文收录数量上增加显著，达到我们收录分析的标准（50 篇/年），从而进入我们分析研究的视野。

12.2　每所学校 SCI 研究方向体现了本校的学科发展

通过对 14 所河北高校 SCI 论文研究方向的分析可以看出，每所学校发文最多的研究方向仍然集中在本校的骨干学科上，研究方向的分析结果反映了本校的特色专业和学科建设实际情况。

燕山大学优势研究为材料科学和物理学，这两个研究方向所发表的 SCI 论文数量占了总数半壁江山；河北医科大学优势研究涉及医学的各个领域，在发文数量上没有太大的差距，研究方向新增加整形外科学、外科学、普通内科学；河北大学的优势研究则体现在化学、物理上，显示了理学研究的优势，尤其是化学研究方向的发文数达到 160 篇，并且还新增加了药理药剂学、科学技术其他、数学等研究方向；河北工业大学的优势研究为材料科学、化学、物理、工程等，既有基础学科研究，也有应用学科研究；河北师范大学的优势研究则表现在物理、化学、数学这些理学学科；河北联合大学的化学研究方向在 SCI 发文数量上较其他学科体现了一些优势；河北农业大学的化学、农学、植物学研究方向发表的 SCI 论文数量较多；河北科技大学的化学、材料科学、工程、物理、数学等研究方向发表的 SCI 论文数量较多；河北工程大学的工程、材料科学、化学、物理研究方向发文有微弱的优势；石家庄铁道大学的物理、材料科学、工程研究方向发 SCI 论文较其他学科稍有优势；河北北方学院的材料科学、化学和物理研究方向发文数量领先其他学科；河

北科技师范学院化学研究方向的 SCI 论文略有优势,材料科学和物理则不相上下;承德医学院作为 2014 年新进入分析报告的学校,各个学科几乎没有很大差别,在医学领域的各研究方向均有 SCI 论文收录;石家庄学院的 SCI 论文在化学研究方向上略有优势,其次是物理和材料科学。

12.3　来源期刊影响因子变化较大

因各种因素的影响,来源期刊的影响影子因子变化较多,而且没有一定规律。2012 年河北高校 SCI 论文影响因子最高的是河北医科大学的论文,影响因子达到 40.197。而 2013 年 SCI 影响因子最高的为燕山大学的论文,影响因子值为 38.597。2014 年 SCI 论文中期刊影响因子最高的为 42.351,为燕山大学所发论文。

12.4　河北省第一梯队院校Ⅰ区论文数量较多

Ⅰ区论文的分析统计结果表明,河北省第一梯队的院校发文最多,燕山大学Ⅰ区论文发文最多,为 31 篇,其次为河北工业大学 14 篇、河北大学 11 篇,其余都没有超过 10 篇,石家庄铁道大学、河北北方学院、河北科技师范学院、承德医学院、石家庄学院没有Ⅰ区论文。

12.5　核心作者群稳定

从核心作者情况分析,每个学校的核心作者比较稳定,第一梯队的院校其核心作者人数较多,燕山大学从 2013 年的 27 人增加到 2014 年的 47 人。河北大学为 25 人。正是这些核心作者带动了整个学校的教学科研工作,河北大学和燕山大学第一作者发文数最多的都是 8 篇,在比较的 14 所院校中名列前茅。

项目重要参考文献

[1]　金业阳,樊十全. 学科服务与用户研究 [J]. 现代情报,2008,02:134 - 136.

[2]　范广兵,初景利. 泛在图书馆与学科化服务 [J]. 图书情报工作,2008,01:105 - 108.

[3]　初景利,张冬荣. 第二代学科馆员与学科化服务 [J]. 图书情报工作,2008,02:6 - 10,68.

[4]　陈漪红,杨志萍,郑颖,田雅娟,王春. 学科化服务工作中营销策略的应用 [J]. 现代情报,2008,04:18 - 19.

[5]　修薇薇,马爱芳,赵建梅. 基于网络平台的高校图书馆学科化服务调查——以 211 工程院校为例 [J]. 图书馆杂志,2008,08:41 - 44.

[6]　宋惠兰. 高校图书馆学科化服务创新研究 [J]. 图书馆学研究,2008,11:88

－90.

[7]　叶丹. 高校图书馆学科化服务研究［D］. 安徽大学，2010.

[8]　刘璇. 高校图书馆学科服务基地创新实践探索——以杭州师范大学图书馆学科服务为案例分析［J］. 大学图书馆学报，2013，01：76－81.

[9]　李莘，李纪. 学科服务目标的精确定位与学科服务的精准营销［J］. 图书馆学研究，2013，09：79－81.

[10]　王春明，张海惠，徐鸿，杨志萍. 匹兹堡大学图书馆系统学科服务新进展——建立支持科研与教学的学科化服务体系［J］. 图书情报工作，2013，10：58－62.

[11]　王春，方曙，杨志萍，张娴. 中国科学院国家科学图书馆"学科馆员"的学科化服务［J］. 图书情报工作，2007，02：107－109，148.

[12]　王群，江淇. 浅论大学图书馆学科化服务［J］. 图书馆工作与研究，2007，05：86－88.

[13]　安娜. 我院图书馆学科服务矩阵组织模式探究［J］. 现代情报，2007，10：199－202.

[14]　陈艺. 融入教学科研应用之中的学科化服务［J］. 现代情报，2007，11：116－118.

[15]　刘颖，黄传惠. 嵌入用户环境：图书馆学科服务新方向［J］. 图书情报知识，2010，01：52－59.

[16]　李荣，刘旭. 对新环境下开展学科化服务的思考［J］. 图书馆学研究，2010，08：78－80.

[17]　何建芳. 关于图书馆学科化服务——"嵌入式馆员"服务模式的思考［J］. 图书馆理论与实践，2010，11：4－6.

[18]　庞玲玲. 高校图书馆学科化服务研究［I］　中国西部科技，2011，07：95－96，77.

[19]　柯平，唐承秀. 新世纪十年我国学科馆员与学科服务的发展（上）［J］. 高校图书馆工作，2011，02：3－10.

[20]　莫其强. 高校图书馆学科化服务探讨［J］. 图书馆工作与研究，2011，07：85－89.

[21]　吕俊生. 从"学科馆员"到"学科化服务"——我国图书馆服务的两次跨越［J］. 图书馆论坛，2011，05：132－134，103.

[22]　阳海燕，陈远方. 从参考咨询走向学科服务——论高校图书馆参考咨询的学科化服务［J］. 长沙大学学报，2011，06：158－160.

[23]　艾春艳，游越，刘素清. 读者参与的高校图书馆学科服务新模式探讨［J］. 大学图书馆学报，2011，05：70－72.

[24]　张翔. 基于 SERVICE 的嵌入式学科服务营销——武汉大学图书馆学科服务探索［J］. 大学图书馆学报，2011，05：73－76.

[25] 赵宁, 李莘, 宁岩. 高校图书馆学科服务平台建设的分析研究 [A].. 图书馆联盟建设与发展 [C].:, 2012: 6.

[26] 张玲, 李莘. 基于 Libguides 平台的美国高校图书馆学科服务调研 [A].. 图书馆联盟建设与发展 [C].:, 2012: 5.

[27] 陈恩满. 基于 CNKI 的学科知识服务平台构建与学科化服务研究 [J]. 图书情报工作, 2009, 15: 96 - 100.

[28] 杨琴. 高校图书馆学科化服务的内涵建设及服务质量的提升策略研究 [J]. 科技信息, 2009, 27: 734 - 735.

[29] 万文娟. "985 工程" 大学图书馆学科服务实践及不足分析 [J]. 图书馆学研究, 2012, 03: 82 - 87.

[30] 谭丹丹, 刘金涛. 对学科化服务背景下嵌入式图书馆服务的思考: 定位、关键步骤及挑战 [J]. 图书馆杂志, 2012, 02: 51 - 55.

[31] 刘颖. 嵌入式学科服务创新模式研究——基于嵌入性理论的思考 [J]. 图书情报工作, 2012, 01: 18 - 22, 59.

[32] 吴跃伟, 张吉, 李印结, 邱天. 基于科研用户需求的学科化服务模式与保障机制 [J]. 图书情报工作, 2012, 01: 23 - 26.

[33] 潘幼乔, 郑邦坤. 构建四级学科服务体系全面服务高校教学科研——地方多科性大学学科服务理论与实践 [J]. 图书情报工作, 2012, 01: 31 - 34, 77.

[34] 高雨, 郑学军. 大学图书馆学科分馆的学科服务策略——以建筑学分馆为例 [J]. 黑龙江科技信息, 2012, 19: 130 - 131.

[35] 刘素清, 艾春艳, 肖珑. 学科服务的多维拓展与深化——北京大学图书馆学科服务聚焦与思考 [J]. 大学图书馆学报, 2012, 05: 18 - 22.

[36] 王兆清. 医院图书馆嵌入式学科服务体会 [J]. 临床合理用药杂志, 2012, 8A: 141 - 142.

[37] 张铁. 维和培训部开展学科服务的探讨 [J]. 中国电力教育, 2013, 26: 38 - 39.

[38] 于迎娣. 北京部分高校图书馆学科服务现状与对策 [J]. 图书馆学刊, 2013, 09: 63 - 65.

[39] 赵俊娜. 2007 ~ 2012 年图书馆学科服务研究进展 [J]. 图书馆学刊, 2013, 09: 140 - 143.

[40] 黄思玉. 泛在知识环境下高校图书馆学科化服务体系构建 [J]. 图书馆学刊, 2013, 10: 59 - 61, 64.

[41] 牛桂卿. 国内图书馆学科化服务研究综述 [J]. 图书馆学刊, 2013, 10: 140 - 143.

[42] 王红芳. 地方高校图书馆在学科服务中的创新 [J]. 孝感学院学报, 2013, 06: 106 - 109.

[43] 于曦, 高洁. 基于用户需求的高校图书馆嵌入式学科服务策略研究 [J]. 情报理

论与实践，2014，05：73 – 76，82.

[44]　刘丽萍，江建忠，张志宁. 高校图书馆学科服务知识管理方法与测评——以河北医科大学第二医院图书馆为例 [J]. 图书馆学刊，2014，05：22 – 24.

[45]　罗秀娟，张志美. 面向重点课题组的嵌入式学科服务实践研究——以南通大学专题研究室为例 [J]. 图书馆，2014，03：139 – 140，143.

[46]　高琦. 医院图书馆学科化服务模式研究 [J]. 图书馆学刊，2014，06：102 – 103.

[47]　孙振领. 地方本科院校图书馆学科服务需求调查与对策研究 [J]. 湘南学院学报，2014，04：.

[48]　李春旺. 学科化服务模式研究 [J]. 图书情报工作，2006，10：14 – 18.

[49]　胡勇祥. 从 CALIS 谈中国图书馆联盟发展之路 [J]. 图书馆论坛，2013（27）：255 – 256.

[50]　肖容. 对我国图书馆联盟建设的思考——基于国外图书馆联盟的经验 [D]. 西南财经大学，2009.

[51]　刘光容. 解读图书馆联盟的组织模式与运行机制 [J]. 情报杂志，2007（6）：122 – 123.

[52]　强自力. 现代图书馆联盟兴起的成因及其特点 [J]. 情报杂志，2005（7）：118 – 119，122.

[53]　赖朝新. 中美图书馆联盟比较研究 [D]. 四川大学，2005.

[54]　孙旭萍. OCLC—OhioLINK 图书馆联盟馆藏流通报告研究及启示 [J]. 图书馆学研究，2015（2）：72 – 76.

[55]　严玲. 中美高校专业图书馆学科服务创新与发展探析 [J]. 图书情报知识，2012（6）：120 – 125

[56]　黄星亮. 中美区域高校图书馆联盟对比研究 [J]. 图书馆论坛，2008，28（2）：45 – 47.

[57]　刘情，郭清蓉，郭玉强等. 学术资源整合及学科服务体系的构建 [J]. 武汉理工大学学报，2010，32（1）：96 – 99，105.

[58]　王春蕾，齐巍，孔凡晶. 研究型高校图书馆学科服务实践中沟通问题解决对策研究 [J]. 现代情报，2011，31（11）：43 – 45，50.

后　记

在金秋十月这个收获的季节，我们的研究课题也圆满地画上了句号。在课题负责人蔡丽静老师的主持下，经过课题组全体成员近 2 年的辛勤工作，河北省社科基金项目"基于中美大学图书馆比较分析的 LDSA 创新体系研究"终于以专著的形式顺利完成了。

项目得以完成，最想说的话就是感谢。首先感谢河北科技大学图书馆的各位领导，他们给予我工作中大力支持和信任，使得我能在研究工作中大胆尝试各种新思想、新模式。其次，对于课题组成员的辛苦工作表示深深的谢意，尤其是燕山大学图书馆的鄂丽君老师，千方百计地收集和整理美国大学图书馆学科服务的翔实资料，为课题组完成国外图书馆学科服务现状调研作出了贡献。尤其令人感动的是，这本专著都是作者们在繁重工作之余完成的，多少个夜深人静的夜晚，他们挑灯夜战；多少条数据，他们整合排序；多少条信息，他们甄别真伪，从而保证了课题的科学严谨。

该项目的成果是一个多馆合作、共同参与、协同创建、共同使用的一个大型服务联盟，需要众多图书馆参与和建设。由于时间短、经费有限，该项目的 LDSA 创新体系平台尚不能上线服务，其中的教学支撑子系统、科研支撑子系统和学科评价子系统也处于单机运行阶段，还不能提供线上服务，整个研究项目的相关成果需要进一步转化。尽管如此，项目的完成也对图书馆尤其是高校图书馆开展学科服务提供了帮助。

因为水平有限，书中难免有一些错漏，恳请读者谅解。

蔡丽静

2015 年 10 月 8 日